新潮新書

二神能基　久世芽亜里
FUTAGAMI Noki　KUZE Meari

引きこもりの7割は自立できる

1015

新潮社

まえがき

私たちの団体「認定ＮＰＯ法人ニュースタート事務局」は、１９９４年から引きこもりなどの若者の支援活動をしてきました。この約30年での支援人数は１７００人を超えます。若者たちをイタリアで一定期間生活させるというプロジェクトから活動を開始し、その後は日本国内での支援活動を模索してきました。

１９９８年に「レンタルお姉さん」という名称で、引きこもり当事者の自宅への訪問支援を開始。１９９９年の終わりに共同生活寮を開設、翌２０００年に仕事体験のための店舗も開所しました。訪問支援と、仕事体験のできる寮という2本の柱で、現在に至るまで20年以上、支援活動を続けています。

通常は1年ほどの訪問支援により、およそ8割が自立や入寮といった具体的な次のステップに動きます。寮生の自立率は、集計していない年もありますが、この20年間で恐らく7割を切ったことはないでしょう。

私たちが出会ってきた引きこもりの若者のほとんどは、「自立できる人」です。病気や障害などで自立が難しい人も確かにいますが、そんなに多くはありません。ですが世間一般に引きこもりは、自立はおろか、その状態からの脱出すら難しいイメージを持たれています。その理由には、「支援のミスマッチ」が大きく関係していると考えています。

引きこもりの人たちは、その年齢や、引きこもり年数、引きこもりの原因、外出しているかどうかといった状況に至るまで、本当に多様です。引きこもりの多様さの具体的な内容については前著『コンビニは通える引きこもりたち』で説明していますので、ぜひそちらも併せてお読みください。

引きこもりの人たちが、その多様さゆえに適切な支援に繋がっていない。例えば本来なら自立できるはずの人が、適切な支援を受けていないため、その力を発揮できず引きこもりが続いているのです。

そして、引きこもりがなかなか自立に繋がらない理由としてもう一つ考えられるのが、「一歩踏み込む支援」の少なさです。

特に最近の支援は、「本人が求めたら受けられるように」との受動的な考えで進められている印象があります。ですが引きこもりの人は、外に心を閉ざしているため、自ら支援を求めようとしない人がほとんどです。これでは大半の人が支援につながることすらできません。

ニュースタートでも、本人の希望により支援を開始するケースはわずか1割程度です。それでも多くの人が自立に至ります。本人が拒否していても、一歩踏み込めば、状況は変わっていくものなのです。

そこで本書では、私たちニュースタートの支援方法やその根底となる考え方を、実際の支援事例と共にお伝えします。約30年間で培ってきた支援内容を、ぜひお読みいただければと思います。

最近よく耳にする言葉に、「引きこもりのままでいい」があります。引きこもり本人、親、支援者など、多方面の方が口にしているようです。

本人がそう言うのなら尊重しようという気持ちはまだ分かります。ですが親や支援者がこの言葉を口にするのは、「なす術がないから現状維持でいい」という諦めの気持ちが多分に入っているように思えてなりません。

私たちが接してきた若者たちは、引きこもりから抜け出した後に当時のことを振り返ると、「苦しかった」「どうしようもなかった」と話します。心底「引きこもりのままでいい」と思っている人は、ゼロではないのでしょうが、ほとんどいません。

引きこもりから抜け出せるものなら抜け出したいと、心の底では思っている。でもそう口にはできない。聞かれると「このままでいいんだ」と時には答えてしまう。または苦しすぎてそんな自覚も持てていない。そんな人たちにどう向き合えばいいのか。

本書が参考になれば幸いです。

引きこもりの7割は自立できる——目次

執筆分担　二神能基（第1章、第6章）、久世芽亜里（まえがき、第2章～第5章）

第1章　子どもを犯罪者にしないために

農林水産省元次官の息子殺し

２０１９年に76歳の農林水産省元事務次官が44歳の引きこもりの息子を刺し殺すという ショッキングな事件が起こりました。息子は中高一貫進学校の中学2年生だった14歳の時、母親に猛烈な暴力を振るい、それ以降、断続的な引きこもりが始まります。事件が起こったのは、それからちょうど30年後のことでした。本人は途中で大学に入ったり、父親のコネで就労支援施設に勤めたりもしていますがいずれも短期間で、基本的には引きこもり続けた30年と言っていいでしょう。

この父親は、息子が引きこもり始めた当初から、家族として誠実に向かいあっていたようです。母親への息子の暴力が収まらないため、母親と本人の妹を家から出して別居させ、父親として息子と二人暮らしをしたこともあります。最後には息子を家から出して一人暮らしをさせていました。その間には、妹が引きこもりの兄の存在を理由に婚約が解消されたことで自殺するという悲劇も起こっています。

事件は長期にわたって別居させていた息子を久し振りに自宅に戻してから起こりました。家に帰ってきた翌日、息子は荒れて、父親に向かって、「俺の人生はどうなるんだ。こうなったのは親のせいだ。殺してやる」と暴力を振るいます。父親は「これでは息子は事件を起こしてしまう」と思ったと取り調べで供述しています。国家の役人として出世した父親は、社会に対して、あるいは他人に対して迷惑をかける行為だけは許せなかったようです。息子が自宅に戻って1週間後の午後3時ごろ、父親は息子に何度も包丁を振り下ろし、殺してしまいました。

事件の後には父親の妹、そして母親から「決して逃げずに息子の引きこもりの問題に向かいあっていた。彼は侍だった」との減刑嘆願書が出されました。弁護側も、息子がコミックマーケットに出品したときにはその店番までやっていたと彼の引きこもりに対する誠実な対応を挙げて、執行猶予付きの判決を求めました。

しかし、判決は実刑でした。裁判長は、父親が誠実にこの引きこもりの問題に向かい、いろいろ努力したことを認めながらも、この問題を家族で抱えこんでしまい、家族内だけで解決しようとして、他者に相談しなかったことを挙げて実刑の理由としました。

現在、この農林水産省元次官は、自分の娘を自殺で失い、自分の息子を自分の手で殺して、刑務所で服役しています。息子の引きこもりの問題を家族で抱え込んで、なんとかしたいと懸命に頑張った彼のエリート人生とは何だったのでしょうか。

問題を家族で抱え込むな

この事件は、引きこもりへの対応について大きなヒントを与えてくれます。一番のポイントは、引きこもりの問題を家族で抱え込んでしまうことの危険です。

引きこもりの解決を、「まず家族の会話から始めましょう」という支援機関は多くあります。しかし、引きこもりになった家庭で、親子がいろいろと話し合ってお互いに信頼感を持つようになることは、はっきり言ってほとんどありません。子どもの側は親との会話を徹底的に避けたがり、親が会話を仕かけようとするとスーッと自分の部屋に逃げこんでしまうというのが普通のパターンです。引きこもりの子どもは、自分が引きこもっているという負い目もありますから、親とは話したがらない。ですから、まず家族の話し合いから引きこもりの解決を目指すのは、現実的ではありません。第2章以降でもう少し詳しく記しておきましたが、親子の間に理解が成立しなくても引きこもりが解決してしまった事例、解決した後も親子で対話が成立していない事例はいくらでもあります。親子が理解し合うことで子どもが社会に出られることもあれば、親子が理解しあえないことで社会に出ることもあるのです。

引きこもりの問題は本来、本人が家から出ないために社会とうまく関われないという、「本人の社会力の問題」です。農林水産省元次官の息子による母親への家庭内暴力も、もともとは本人が中学2年時に学校の授業について行けなくなったことが発端のようです。学校という社会とうまく関われないイライラを、家族に向かって発散せざるをえないという本人の生活構造が問題の根幹です。

それが母親への暴力があまりにもショッキングであったために、「家庭内暴力の問題」にすりかわってしまったのです。この農林水産省元次官も、息子の問題を最後まで家庭内暴力の問題として認識していたようですが、その誤った認識が家庭内で問題を解決することにこだわり、他者に相談しないということにつながっていったと思われます。

もし当方が相談を受けていたら、まずは本人と会話するために「レンタルお姉さん」

を派遣したと思います。レンタルお姉さんというのは、我々の団体「ニュースタート事務局」で活動している、引きこもり当事者の家を訪問し、彼らに直接働きかける女性たちです（男性の「レンタルお兄さん」もいます）。レンタルお姉さんは、最初はたいてい拒絶されますが、時間をかけて働きかけているうちに、ほとんどのケースで徐々に打ち解けるようになります。彼女たちと一緒にコンサートに行ったり、楽しいことを体験したり、人とふれ合ったり、もっと笑顔が出る生活を過ごしたりして、彼らに未来の生活に対する希望を感じさせるようにすることは、そんなに難しいことではありません。幸い元事務次官の家庭は経済的には恵まれていましたから、気に入ったアイドルの追っかけでもやりながら、楽しく人生を送ることもできたはずなのです。

母数が増え、引きこもりの犯罪も増えた

引きこもりは基本的におとなしい子が多く、家を出ない彼等は外で犯罪を起こしたりしないので、引きこもりの事件率は一般より低いとされています。引きこもりは犯罪予防になっている、とまで言われることもあります。この認識は基本的には今でも間違ってはいません。ただ、２０１９年の調査では推定１１５万人とされた引きこもりは、２

022年の調査で推定146万人と激増しており、母数が増えた結果として事件を起こす引きこもりのケースも増えています。

また、従来、引きこもりは家庭内暴力などを起こすことはあっても、全くの他人に刃を向けることは少ないとされてきましたが、近年は全くの他人に対して事件を起こすケースも増えています。そして、こうした事件はいずれも「派手」なので、事件が起きるたびに引きこもりという存在も注目を浴びることになります。

2019年に川崎市登戸でスクールバスを待つ児童と保護者を次々と刺し、2人が亡くなった事件を起こした50代の男も引きこもりでした。2022年11月に八王子市の東京都立大学で宮台真司教授に切りつけたのは41歳の引きこもりでした（2人とも逮捕される前に自殺しました）。続いて12月に埼玉県の飯能市で起きた父親、母親、娘の一家3人惨殺事件を起こした40歳の男は、被害者の家の近所に一人住まいしていた引きこもり20年の男でした。

宮台教授も殺された3人家族も、そして川崎の事件で襲われた被害者たちも、襲った犯人と面識はありませんでした。これらの事件は、引きこもり特有の被害者意識からの強い「思いこみ」が、自己承認欲求とつながって発生した一方的な犯行でした。特に現在の40～50代は、バブル崩壊後の「就職氷河期」に直面し、前の世代との大きな格差を強く感じてきたために、被害者意識が特別に強い世代です。今、70代の親が40代の子どもの生活を支える「7040問題」が全国で深刻化しています。この傾向は、50代の引きこもりが35万人にもなった現在では「8050問題」の爆発的増加に直結していきます。

2022年7月に安倍元首相を射殺したのは、旧統一教会信者の母親の献金によって大学進学の道を断たれた経験を持つ41歳の引きこもりでした。2023年4月に岸田首相を襲撃したのも24歳の引きこもりです。参議院議員の立候補資格が30歳以上であることを憲法違反と訴え、その「既得権」の象徴的なトップとして岸田首相を狙ったようです。

同年5月には、長野県中野市で引きこもり10年の31歳が殺人事件を起こしました。平和な田舎町で突然、2人の高齢女性を刺殺し、2人の警官を射殺した、類のない残虐な事件でした。犯人は家を離れて進学した東京の大学でいじめに遭い、大学を中退して実家に戻っていました。他人と交流しなくなった犯人は、その2人の高齢女性が自分の悪口を言っていると思い込んで殺害を決意したと語っているようです。現実に基づかない思い込みから、普通には想像すらできないような行動への飛躍は、他人と交流しない引きこもりにしばしば起こってしまうことなのです。

何を考えているのか分からないお宅の子どもさんが、そんな被害者意識からの思いこみを日々募らせているとしたら？　突然、他人に迷惑をかける事件を起こす可能性がないと言い切れるでしょうか？

「どうせ解決なんて無理」というニヒリズム

前述したように、引きこもりの人数は激増していますが、私たちを含めて引きこもり支援機関への相談件数は減ってきています。確かにコロナの影響はあったでしょう。政府機関などが「積極的に引きこもれ」とメッセージを発していましたし、顔を突き合わせての密な相談という行いに逡巡する向きも増えている。それでも、引きこもりの数の増え方が急ですから、真剣に考えている人の数も増えているはずで、だったら相談機関への相談件数も増えていていいはずです。

そのことがずっとひっかかっていたのですが、２０２３年の初め、ひとつ納得できる説明に出会いました。日本大学の先崎彰容教授の論文（産経新聞1月6日付）でした。現在、世界で起こっているいろんな出来事の根源には「文明論的な大転換の兆し」があり、「現代社会は巨大なニヒリズムに覆われている」という指摘でした。

日本は「失われた30年間」で、明日は今日よりももう少しよくなるだろうという希望を無くし、ニヒリズム気分が少しずつ蔓延していた。そこに3年前、コロナがやってきてその気分が昂進した。さらに2022年2月にはロシアによるウクライナ侵攻が始まり、「現代社会は巨大なニヒリズムに覆われる状況」になってしまった。実際、プーチン大統領による理不尽なウクライナ侵攻という暴挙以来、当方への相談件数は一段と減ってきました（最近、やや持ち直してきましたが）。

巨大なニヒリズム故に、引きこもりの問題も解決をあきらめてしまう人が急増しているように感じられてなりません。各地の講演会に行った際にアンケートをとってみても、他者に相談しない理由の第一は「相談しても解決しないと思うから」なのです。全国146万人の引きこもりの家庭も、この巨大なニヒリズムの波に飲みこまれ、あきらめの世界に入ってしまっているようです。

引きこもりが放置されて長期化していく流れのなかで「引きこもりもひとつの生き方」として認めようという考え方すら生まれてきています。しかし、私はこれまで30

00人の引きこもりに会ってきましたが、そのうちの誰ひとりとして「(引きこもりの)自分は幸せでした」と語ったことはありません。ですから、「引きこもりもひとつの生き方」「引きこもりも個性」というような意見を絶対に認めることは出来ません。引きこもりは絶対的に不幸な生活です。ムードに流された甘い見方は、引きこもりの長期化、固定化、複雑化に繋がっていくだけだと断言します。

考えるよりも行動を

引きこもりの問題は、一人の人間の努力でなんとかなる問題である、と捉え直してください。あなたが決断すれば、事態は動かせるのです。引きこもりでも、バイトで自立できる程度のお金を稼ぐことは今や難しくありません。自立して生活できるようになると、彼らの意識は一気に変わっていきます。バイトからきちんとした就労に移行する事例もたくさんあります。いまは世間も人手不足。本人が元引きこもりであるということを理解した上で雇ってくれる就職先もいくらでもあります。

考えているだけでは事態は動きません。行動してください。考えていると「何かをやっている気」にはなりますが、そこに留まっている限り、決断先送りによる引きこもりの長期化という結果にしかなりません。そうした傾向の積み重ねが、引きこもり１４６万人という事態を招いたのです。

まずは他人に相談してみましょう。いろんな人に相談すれば、少しずつ引きこもり解決の道が見え始めてきます。それを信じて「家族をひらく」方向に足を一歩進めて下さい（詳細は第2章）。引きこもりはもともと家族の問題ではなく本人の社会力の問題なのですから、本人を家から出して他人や社会と交流させましょう。本人の社会力が育てば、彼等は社会の中で生きていけるのです。

第2章　家族をひらく

事例①

「1浪して大学は落ちてしまって、アルバイトと運転免許を取ったりしていました。その後、調理師専門学校を卒業して、レストランに就職しました。4年くらいして交通事故を起こして、それをきっかけに仕事をやめて。それからズルズルと5年ほど引きこもりました」

これは、圭一くん（仮名）が講演会で語ってくれた言葉です。親がニュースタートに相談に来たのは、圭一くんが31歳の時でした。

「親との日常会話もあまりしなくなって。後ろめたさもあって、自分が情けなくて。あと、親に言ってもしょうがないなという気持ちも。親もあまり干渉してこなかったというか。何か言ってきても自分が黙ってしまうので、向こうも何をしたらいいかという感じ」

親は事前の面談で、「本人の心を傷つけたらいけないと思い、何も言えなかった」と話しています。互いにあまり踏み込まないようにしていたのでしょう。それでも、たまにそれらしい会話はあったようで、「何か目的はないのか、とか聞かれるのは嫌だったですね」とも。

親からニュースタートに訪問を依頼したことを伝えてもらい、レンタルお兄さんによる支援が始まります。圭一くんは最初の電話から出てくれて、初回の訪問でも部屋で普通に話をしてくれました。その後は寮生も一緒に連れて行き、楽しく雑談をしながら、寮の様子も伝えていきました。

3ヶ月の訪問ののち、圭一くんは入寮します。「親に、ニュースタートに行くか、就職に向けて頑張るかという二択を迫られて。寮にいた方が気分的には楽かな、ニュースタートに行って気持ちを切り替えた方がいいのかなと思って」と、後に入寮の理由を語ってくれています。

入寮後は、誠実に活動に参加し、穏やかな人柄で責任のある役割もこなしました。ハロウィンパーティーで仮装をするなど、様々なイベントも楽しんでいました。入寮からちょうど1年で、介護施設の調理の正社員の仕事に就きます。

ところがその仕事がかなりの長時間労働、残業代も出ず、前任者もうつ病で退職したらしく、職場の環境はあまり良くありませんでした。ニュースタートは3ヶ月仕事が安定したのを見てから卒業というルールにしているのですが、圭一くんは就職3ヶ月の時点ですでに別の仕事を考え始めていました。結局、その施設は退職。そこから興味のあった介護の仕事に就くため、寮から職業訓練に3ヶ月通い、介護職員初任者研修の資格を取得します。そして1ヶ月後には、介護の仕事が決まりました。圭一くんは寮生活1年11ヶ月で、一人暮らしの部屋に引っ越して自立生活へ、ニュースタートは卒業となりました。

引きこもり対応では、家事など家での役割を持ってもらうことをよく勧めています。圭一くんは家で週3回の夕食を担当していました。その役割については、「今思えば家の中に役割があってそこで安定してしまった。何もしていなければ気まずさがあったでしょうね」と話してくれました。

「引きこもっていた5年間は、必要な時間でしたか?」という質問には、「最初の1年は、そうだったと思います。死にたいなあと思う時もあったので。でもズルズルと長くなると、社会に出るのがそれだけ難しくなっていく」とのことでした。

２年目からは、役割があり、踏み込んだ会話がないことで、ただズルズルと引きこもりが続いていたのでしょう。親が家族をひらき、子どもを家庭内から外の世界に押し出したことで、圭一くんは自立できたのです。

最後に、親への今の気持ちや当時してほしかったことを聞くと、「親と離れて良かったと思います。今から思えば、もっと早く押し出してほしかったです」と答えてくれました。

「引きこもりは家族の問題」という世論

この章では、私たちニュースタート事務局が実際の支援の中で感じてきたことや、どのように対応してきたかをお伝えします。

「家族をひらく」は、団体の理念として、ずっと掲げ続けている言葉です。

私たちの活動の始まりは１９９４年、イタリアの農園に若者たちを送り、元気を取り戻してもらう「ニュースタート・プロジェクト」でした。その時にイタリアのホストファミリーだった宮川秀之・マリーザ夫妻が関わっていたのが、イタリアの「家族をひらく運動」です。彼らは「子どもを育てるのに2人の親では足りない」と当たり前のように言いました。だから家族をひらき、みんなで子育てをするのです。

私たちは漠然といい言葉だと思いながら、初めてのシンポジウムのテーマを「家族をひらく」にしました。この後、文字通り「家族をひらく」必要性を、まざまざと感じていくことになります。

当時の世論は、「引きこもりなど子どもの問題は家族の問題なので、家族で解決するものだ」というものでした。当方でも電話相談なども受け付け始めるのですが、こういった世論の中では、「子どもの引きこもりを家の外の誰かに相談するのは恥」と親は考えてしまいます。相談をしない、相談はしても夫には内緒といった状況で、実際の支援にはなかなかつながりません。

私たちは「家族をひらく」を30年近く理念に掲げ続け、家族で問題を抱え込まないように訴え続けてきましたが、「引きこもりは相談するもの」というイメージに変化したのは、ここ5年くらいではないでしょうか。

私たちに届く相談の傾向では、最近は20代のお子さんを抱える親の割合がどんどん高くなっています。引きこもり期間が3年から5年程度で、親もネットで情報を得ています。この世代は「引きこもりは家族の問題」というよりも「相談するもの」というイメージが頭に入っており、比較的早く相談に動きます。

それに対し40代50代の子を抱える親の相談は時々しかなく、引きこもり年数は15年20年が当たり前、時には30年というケースもあります。それほどの年数が経ちながら、「こういった相談をするのは初めてです……」と小さな声で話される方もよくいらっしゃいます。

そもそも、「引きこもりは家族で解決すべき」と言われても、親だけでは解決が難しいのが実際のところです。その理由に、引きこもりの多様さがあります。前著『コンビニは通える引きこもりたち』では、第1章全てをこの多様性の説明に費やしました。

実は引きこもりの大半が、コンビニや趣味程度の外出をしています。それと同時に、家から全く出ないが家の中は自由に動き回る人から、自室をほとんど出て来ず親も何年も姿を見ていないという人までいます。

引きこもり始めのタイミングや状況も、学生時代の不登校からそのままという人もいれば、大学卒業など社会に出るタイミングで、最初の職場でつまずき数年で退職して、いくつも職を転々とするがどこにも落ち着けずに、10年以上勤めていた会社をリストラされて次の仕事を探すこともできず、という人もいて本当に様々です。

うつや統合失調症、強迫性障害といった病気がある人もいれば、全く病気のない健康な人もいます。病気がある人にも、もともと病気があって引きこもりになった人と、引きこもるうちにだんだん病気になっていった人がいます。発達障害の有無もあります。

人間関係も、引きこもる前は友達がたくさんいた人、子どものころから友達作りが苦手でポツンと1人でいた、または友達はいたが1人2人だったという人の両方のパターンがあります。

親子の関係も、楽しくおしゃべりできて仲良く買い物に行く人、話しかければポツポツと返事はしてくれる人、手紙やメールでは返事が来るという人、とにかく親を避ける人、暴力までふるう人と、本当に色んなケースがあります。

こういったパーツを組み合わせると、無限とは言わないまでも、かなりの数のパターンが存在します。親だけで対応しようとしても事実上、無理に近いのです。

家に抱え込んだら長期化まっしぐら

家庭内解決を目指すけれども、家庭の中に解決策が見つからない。引きこもりの子どもを「家に抱え込んだ」状態のまま、ズルズルと時間が過ぎていく。するとどうなるか。この答えは、内閣府の調査（平成30年）を見れば一目瞭然です。中高年の引きこもりのうち7割が3年以上、5割が7年以上、3割が10年以上で、30年以上も存在するという結果となっています。更にどこかに相談したことがあるかという問いには、あるが44・4％、ないが55・6％です。それぞれの数字の結びつきまでは分かりませんが、相談したことがない人が多く、とにかく引きこもりとは長期化するものなのだ、というイメージが生じるのも無理はありません。

農水省元事務次官の長男殺害事件では親が子どもを殺していますが、引きこもる我が子に親が殺されるという事件も多発しています。亡くなった親を放置したまま同じ家で暮らすなどの死体遺棄事件もよく耳にします。病死した親の横で何もできなかったのか、親子が亡くなった状態で発見されることも珍しくありません。問題を家庭で抱え込み、どうやって外に助けを求めるのかが分からなくなっているのです。

親が子どもを殺す・子どもが親を殺す・親が死んでも子どもは何もできず事件になって発見される。これらは問題を限界まで家で抱え込んだ結果です。特に3パターン目は、長期引きこもりのいる家庭の多くが心配するべきものです。どんなに貯金を遺しても、何かを手続きした経験もなく、困っても人に何も聞けないという状態では、本人は事態を動かしようがありません。

家に長く抱え込んだ末に私たちのところに相談に来られる親は、どこかで諦めのような気持ちになっている方が大半です。それでも何かを機に、例えば８０５０問題になった、または数年後にそうなると実感して、ようやく相談にみえられます。

ですが相談の後も、決心して支援を依頼する親と、「家の中で抱え込む癖」が出て相談だけで終わってしまう親に分かれます。引きこもりが長期化・高齢化しているほど、後者になる可能性は高いと言えます。40代以上の子を抱える親の相談が少ない上、相談してもまた抱え込む判断をする親が多いため、引きこもりが多い年代のはずなのに支援している数は少ないのが実情です。

また親が相談に動かないため、きょうだいだけが相談に来ることは近年かなり増えました。ですが親と引きこもり当事者だけが同居し、きょうだいは独立し実家を離れている状況では、抱え込んでいる現状を打破するのはなかなか難しい。きょうだいが親に「何とかして」と訴えても「あなたに迷惑はかけないから」と言われる、本人に「いい加減仕事しなよ」と話すと「本人が落ち込んでしまったので、厳しいことは言わないでちょうだい」と親から連絡が来る、といった具合です。

そのまま親が亡くなり、きょうだいが本人の面倒を見ることになり困っているという相談も、時々入るようになりました。「きょうだいだから見捨てることはできない」という気持ちと、「でも現実問題としてそんなにお金を渡すこともできないし、納得もいかない」という気持ちの間で苦しんでいる様子を見ると、親の不作為の罪を感じざるを得ません。生前に親がすべきことを、きょうだいである我が子に押し付けただけなのですから。

親はひとつの事例しか知らない

親だけで解決が難しい理由のひとつが、親が直接知る事例が我が子１人であるということです。しかも目の前にあるのは、解決していない事例です。すなわち親は、解決した事例はひとつも知らないのです（稀に兄弟とも引きこもりで、兄は解決したけれど弟は……ということはあります）。

経験のある支援者ならたくさんの事例を見ており、多様な引きこもりの中でその人がどういったタイプなのか分類できるはずです。過去の成功事例から、このタイプにはどういう対応がいいのか、ある程度の予測もつくでしょう。

引きこもりは昼夜逆転の生活やゲームばかりに時間を費やすことは普通なのですが、その事実を知らずに「昼夜逆転なんておかしい、何とか生活リズムを戻さなくては」「ゲームしかしていない、ゲーム障害の病院に行った方がいいのか」と考えていることも珍しくありません。

相談で昼夜逆転生活やゲームの話をされても、引きこもりの大半に当てはまるので、私たちが驚くことは全くありませんし、それだけでタイプの分類はできません。逆に「生活は本当に規則正しく、毎日きっちり同じ時間に起きます」という話の方が、「おっ」と少し前のめりになります。

うつや統合失調症などの病気の有無も、実際に病気の人に接した経験がなければ、なかなかピンと来るものではありません。私たちは医師の資格はないため確証は持てませんが、「これは明らかに病気では」「病気の可能性はあるので診察してもらう方がいい」といったおよその判断は経験からできます。

しかも親は、「病気であってほしくない」という願望が無意識に働くため、より正確な分類はできなくなるのが普通です。相談で心療内科や精神科へ行くことを勧めると、「この状態はそんなにおかしいんですか?」とびっくりされることがよくあります。時には「いや、病気じゃないと思うんですよ!」と必死な表情でおっしゃる方もいます。「我が子のことは親である自分が一番知っている」と思う気持ちは分からなくはないのですが、「引きこもりのことは知らない、引きこもり支援では素人」というのは事実です。支援者の視点だとどうなのか、という情報は得る方がいいでしょう。

親は親。支援者にはなれない

親だけで解決が難しい理由のもうひとつが、親は子どもの支援はできますが、根本的に支援者とは違うということです。

もちろん親だからこそできる、親にしかできないことはたくさんあります。引きこもっている子どもの生活の面倒を見、最後の最後まで子どもの味方でいる、一番の存在は親です。だからこそ子どもの側も、親にはどうしても甘えてしまいます。会話を拒否しておきながら作ってもらったご飯をしっかり食べるのは、甘えがあるからです。

これが支援者、他人相手だとそうはいきません。例えば食事を届けてもらえば、「少しは話をしないと失礼になるのでは」という気持ちが働き、会話に応じてくれることがあります。親の「バイトしてみようよ」という語りかけは無視できても、他人に言われたらある程度理由をつけて断らないと、という気持ちになります。それでも無視をしてしまったら何となく罪悪感が残り、次回は違う反応をするかも知れません。

親とはこれまで培ってきた関係性があります。いい関係も悪い関係もありますが、その時間の積み重ねが、支援にはマイナスに働くことがあります。例えば子どもがこれまで経験のないバイトに挑戦しようとした時に、親は過去の失敗した姿が思い浮かんで、「そんな仕事は向かないいんじゃないの」と言ってしまう。子どもも「親は自分のことを知っているんだから、そうなんだろう」と思って応募をやめてしまう。

これが他人である支援者なら、あまりに難しい仕事でもなければ、「じゃあやってみようか」と言えるでしょう。支援経験から「この人なら意外とできるかも」と思う場合もあるでしょうし、チャレンジが失敗するのを想定して「どんな風に次につながるいい体験にするか」を考える場合もあるでしょう。何より実際にやってみないと分からないことも多いですし、親が気付いていなかった本人の意外な適性が見えるかも知れません。

支援者の特徴は、他人だからこその距離感を持てること、まっさらな関係なので過去の経験に縛られないこと、支援経験から来る客観的な視点などです。親はこれらを手に入れることはできません。家庭内で解決しようとするのをやめ、支援者の役割は支援者に任せれば、親は親の役割に専念できます。それは毎日優しく挨拶をして話しかけるだけでなく、時には厳しい言葉を投げかける場合もあります。それでも、親にしか言えない言葉というものが存在します。

親は支援者になろうとするより、きちんと親であることを目指す方が、解決につながるのではないでしょうか。

親がまず子離れせよ

「引きこもりは家族の問題」だと考え、家庭内で解決しようとするデメリットをお伝えしましたが、閉じた状態の家族を「ひらく」にあたっては、親にはぜひ子離れをしていただきたいと思います。

私たちのようなところへ相談に来る親、こういった本を手に取る親は、ほぼ間違いなく子育てに熱心です。精一杯子どもに向き合い、今も引きこもる子どもを心配しています。そして知らず知らずのうちに過干渉になっている可能性があります。

子どもの側も、心配される、守られることが当たり前になっています。このままではいけないと思いながら、自ら親から離れ、自分でやっていくだけの勇気は持てません。育児放棄をしてきたような親は別ですが、今この文章を読んでいる親であれば、そういう親子関係の中で引きこもりがズルズルと長引いている可能性が高いでしょう。親子の距離が近すぎるのです。親子の距離を取ることが、引きこもり解決への重要な突破口になります。

本来であれば思春期や成人、社会人になるにつれて自然と親離れ子離れができるはずです。もし引きこもらずに社会に出ていれば、子どもはもっと外の世界に接し、どこかの時点で家を出て、外の世界が本人の多くを占めていたでしょう。親の方も、こんなに子どもの心配ばかりすることもなく、逆にどこかの時点で心配される側に立つ時、立場が逆転する時が来るものです。そして子育ても終わり、趣味など親自身の世界を広げていたでしょう。

親子一緒の世界を出て、それぞれの世界に向かわなくてはなりません。現状は、親が子どもの世界を占領しているようなものです。親の方から子離れをして、子どもが外の世界に向かわざるを得ない状況を作ってください。親子ががっつりと向かい合っている世界に、第三者はなかなか入っていくことができません。この世界の扉を、親に開けて欲しいのです。

物理的な子離れは、一人暮らしに出すなど、住まいを別にすることが一番有効です。目の前に相手がいる、家の中に互いの気配があるという状況では、精神的な切り離しはなかなかうまくいきません。ただ、せっかく一人暮らしに出しても、「ちゃんと食事をしているだろうか」と親の心配が続き、子どももその部屋で引きこもり生活を続けて外の世界につながろうとしないケースは多くあります。一人暮らしになったら、親と入れ替わりに関わってくれる第三者、支援者がいる方がいいでしょう。子どもが何か困って連絡をしてきても、「あの人に相談しなさい」と親が突き放してくれれば、子どもと支援者が話す機会も生まれやすくなります。

地元から離すことの効果

子離れには住まいを別にする、一人暮らしに出すことが有効ですが、ここでよく親がやってしまう失敗が、家のすぐ近くに住まわせることです。歩いて5分10分のアパートを借りた結果、夕飯のたびに実家に戻って来てしまい、一向に子離れにならないといったケースもよくあります。家を出すなら、簡単には帰ってこられないような遠い所まで出すべきです。

遠い所に住まわせる、地元を離れることには、大きな意味があります。コンビニに行くが時間帯は夜のみ、または全く家から出ないというケースは比較的よくありますが、彼らに共通しているのは「自分が引きこもっていることを近所に知られたくない」という心理です。だから本来なら仕事をしているはずの昼間には、コンビニに行かないのです。

こういった人たちが地元を離れると、周囲の目を気にせず、昼間でも出かけたい時に出かけられるようになります。実際に10年以上家から出なかった人が、私たちの寮に来ると普通にコンビニなどへ外出し始めるケースは、全く珍しくありません。彼らは狭い地域社会の中で、動きにくくなっていたのです。ですから地域から出してあげましょう。それだけですんなり自立するというわけではありませんが、ほとんどの人が買い物くらいの外出はできるようになります。

家の外では子どもは違う顔を見せる

親子が離れて子どもを家から出すもうひとつの効果は、引きこもる本人が親の前とは違う対応をしてくれる可能性があることです。

私たちは「レンタルお姉さん・お兄さん」という呼称で、訪問支援を行っています。最初から一人暮らしをしているケースもありますが、最初は親と同居する自宅に訪問することが圧倒的に多いです。初回の訪問から色々と話をしてくれる人は稀で、全く会ってくれない、無視をするという人がほとんどですが、ドアの前から話しかけ、手紙を書き、時間と回数を重ねていくとだんだんと話ができるようになっていきます。

ですがどれだけ訪問しても、こちらの言葉に全く返事がない人も一定数います。そんな状態のまま親の説得でいざ入寮すると、全く別人のように話をしてくれる人が毎年のようにいるのです。

親の前では「こんなやつを呼んでも話なんかしないぞ」というポーズを取っていた、親に話の内容が伝わると思うと何も言えなかった、その家や地元の環境では口を開く気になれなかったなどの理由が考えられます。どちらにしろ、家や親から離れたことで、会話ができるという変化が生まれたのです。

訪問中に話ができていた人でも、いざ家を出て寮に来る、一人暮らしに移行すると、これまで聞けなかった本音や、初めて聞くような話が出て来ることがよくあります。これも、家や親から離れたから話す気持ちになった、以前の環境から解放されて考えそのものが変わったなど、様々な理由があるのでしょう。「家庭」や「地域」という枠から出ると、全く違う顔を見せる人がかなりの割合でいますが、その変化は支援経験がある私たちでも予想がしにくく、やってみないと分かりません。

親の考える「理由」はズレている

一人暮らしなど家を出せるかどうかは、それぞれの家庭の経済的な事情などによると思います。とは言え、家族だけでどうにかしようという気持ちは、少なくとも引きこもって3年以内には捨てていただく方がいいでしょう。3年の理由については、次の章で説明します。

ここからは、家族だけの支援から、家族をひらいて、第三者の力を借りていくステップをお伝えしていきます。

最初のステップは、やはり相談です。第三者、支援者の意見を聞いてみることです。支援者の話や意見は、現状の正しい把握、今後の行動などに役立つはずです。

私たちも支援を始める前には、必ず親の相談を受けます。親から子どもの成育歴や、今の様子を聞きます。その中で感じているのは、「最初から問題を正確に把握している親は多く見積もっても半数では」ということです。親の思う引きこもりの理由は、実はあまり合っていないのです。

これは病気や発達障害の有無に限りません。例えば、「本音や気持ちを聞いても、何も話してくれない」と言う親もそうです。

実際に支援を始めて子どもの側の話を聞いていくと、引きこもり初期に何かしらのサインを出していたケースが意外とあります。親はそのサインに気付いていません。何度かサインを出しても気付いてもらえないので、子どもは諦めてしまいます。これでは子どもの本音や、引きこもりの本当の理由を親が知ることはできません。

子どもが相談できるようなら一番いいですが、それはなかなか難しいでしょう。親だけでも相談に行くことです。親からの相談だけでも、分かることはたくさんあります。

第三者を家に入れる

残念ながら、親が相談するだけでうまくいくケースは、そう多くありません。支援者に相談し、頑張って言動を変えてみても、子どもに相対するのは相変わらず親です。ここにどうしても限界があります。多くの引きこもり相談窓口であまり成果が出ていないのもそのためです。

支援によっては、当事者が好きに過ごせる居場所や当事者会など子どもが参加できる場を設けていますが、誘ってみてもすんなり参加するケースは稀です。時間がかかっても参加すればまだいい方で、結局ほとんどが全く参加しようとしません。

ここで親が対応の仕方を学んだり、勉強会などに通うこともあります。ですがこれもまたうまくいく場合といかない場合に分かれます。

親が支援者に相談し、つなぎ先を見つけた次は、本人がそこへ行ってくれる、親が勉強し対応を変えた結果行ってくれる、どうやっても行こうとしない、といったパターンに分かれていきます。全国的な支援結果の統計などは出されていないでしょうが、最後の「動かない」パターンが過半数を占めるのではないかと思います。

引きこもり始めや年齢が若いうちはまだ動きやすいですが、長期化・高齢化すると動く割合もぐっと下がります。絶対に動かない子どももいますので、自ら足を運ぶことを目指すのは、どこかで見切りをつける必要があります。

そして子ども本人が動かないなら、第三者が子どものもとへ訪問するしかありません。

親は家の扉を開いて、第三者を家の中に導く。これもまた家族をひらく、言葉通りの分かりやすい行動というわけです。

支援者が訪問するというと、「本人と仲良くなって、外に出る手助けをする」というイメージがあるのではないでしょうか。もちろんそれも１つですが、第三者が家の中に入る効果は、それだけではありません。

子ども本人と会話はおろか、会うことができない状況であっても、家の中に他人の気配があるというのは、子どもに変化をもたらします。第三者が家の中に入るというのは、固まってしまった家の中の空気を乱す、崩していく意味があるのです。その空気の変化が子どもを揺さぶり、次の変化を起こしやすくします。

第三者に子どもを委ねる

第三者に相談する、家の中に入ってもらう、と来たら、その次は対応を第三者に任せてしまうことです。

先ほどお伝えした通り、子どもは親の前と第三者の前とでは見せる顔が変わることがよくあります。側にいる親に「親向けの顔」を見せているわけですが、現状が引きこもっているということは、その「親向けの顔」が引きこもり的である可能性もあります。第三者にはまた違う、もう少し外に動き出すような顔を見せてくれるかも知れません。親が第三者との間に入ると、どんなに第三者の言葉を伝えても、それは半分親の言葉です。目の前に第三者がいても、隣に親がいては、「親向きの顔」が強く出るかも知れません。

私たちが実際に支援をしていく中でも、気を付けていることがあります。本人の様子や言葉を、親にはあまり伝えません。「親に伝わっている」と察した途端、第三者になら出せそうだった言葉を、引っ込めてしまうからです。私たちは親の代理ではなく、全く別の他人として、本人に向き合わなければなりません。

そもそも自立とは、子どもの中に親が知らない側面が増える、家族とは別の世界が広がっていくことでもあります。親は子離れをして、子どもを外の世界へ押し出すようにしましょう。

この「第三者に子どもを委ねる」の一番上に位置するのが、住まいを分けることです。別の家に住み、対応も支援者など第三者に任せれば、子どもは「親向けの顔」を出す場面がなくなります。多くの人が、外の世界だけを見て、外の世界とどう関わっていくかを考えるようになります。子どもの視線が、家の中から外に向かうのです。

ですが本当に我が子を人に委ねられる、子離れをするというのは、簡単ではありません。「ニュースタート・プロジェクト」で若者たちを受け入れ、その後も日本に来て親のセッションの様子も見ていた宮川マリーザさんの、印象的な言葉があります。

「日本の親は、我が子に飛び立て飛び立てと言いながら、足首を摑んで離さない」

例えば実際に支援をしていても、「自立してほしい」と言いつつ、「できれば自分の目の届くところで自立してほしい」という気持ちを持っている親はかなりいます。親に見えるところでは親向けの顔が出てしまいますから、自立が一気に難しくなるのですが、親はそういう希望をなかなか消せません。頭で理解はしても感情がついてこないという親が大半ですが、「息子と離れたくない」とはっきり口にする親も時々います。

子どもを外の世界につなごうとした結果、親が外の世界への扉の前に立ちふさがっているも同然のケースもあります。「もしかしたら自分はそれに当てはまるかも」と思われたなら、その時はぜひ自分がその場所をどいて第三者に譲りましょう。

この章では、「家族をひらく」について説明しました。家族をひらくとは、我が子を思う心配性の親の場合は、親の方から子離れをすることです。具体的には、1つ目が第三者に相談をし、家の中に問題を閉じ込めないこと。2つ目が家の扉を開いて第三者を家の中に入れること。3つ目が子どもを第三者に委ねて、親が知らない本人の世界を広げてもらうことです。

そして「自分が子どもの足首を摑む親になっていないか」を、常に自問自答するようにしましょう。少しでも足首を摑んでいるかも知れないと思ったら、まず相談からでも、第三者に向けて、親が動き出してください。

事例②

洋二くん（仮名）は大学院を1年で中退します。就職活動をしますが、数ヶ所落ち、途中でやめてしまいます。最初の頃は友人と遊び、買い物などにも行っていました。ですが徐々に外に出なくなり、そこから6年間引きこもります。

「半年くらいは友達と飲みに行ったりしていた。でもだんだんとみじめになってくるから、誰とも連絡を取らなくなって」と、洋二くんは当時の気持ちを話してくれました。

親との会話もほぼなく、親は息子を「とにかくしゃべらないんです、コミュニケーションが下手で」と言っていました。

洋二くんの親は「家庭内で何とかしよう」という考えは最初からなく、そういう意味では、かなりひらかれた家族でした。「外に出ないのだから、訪問してもらうしかない」という思いで、訪問してくれるところを探し、すでにいくつか訪問を受けたことがありました。

将棋盤を持ってきて好きな将棋に誘ってくれた人、ドア越しに声をかけ続けた人、かなり遠方から来てくれた人など、あまり間を置かずにうまくいかなければ次をと、何人も訪問してもらいました。ですが洋二くんは、全くコミュニケーションを取ろうとしなかったようです。

最初は父のみがこちらのイベントに参加し、その後両親で面談に来られました。その時はすでに親も、家から離す方がいい、入寮させたいという気持ちでした。そこで入寮を目標に、レンタルお姉さんが訪問を開始します。洋二くんは、当時30歳でした。

普通に訪問をしても話をしてくれないことは分かっていましたので、手紙を送り、電話を1回かけてみた後は、早々に家に訪問します。洋二くんは台所にいて、レンタルお姉さんの姿を見ると自室に上がってしまいましたが、そのまま部屋の中まで追いかけて、そばで話しかけ続けます。

その後は寮生などの同行者を必ず連れて行き、多い時は4～5人で訪問。洋二くんのそばで、楽しく会話をし続けます。時には洋二くんの足をつついたりしたこともあったようです。

その間、洋二くんはずっと無反応。ただレンタルお姉さんは、「拒否はされていない」という印象を何となく持っていました。

一方的な訪問を続けながら、親には「○月○日までに家を出なさい」と、繰り返し伝えてもらっていました。洋二くんからは否定も肯定も、どちらの反応もなかったようです。

当時の気持ちを洋二くんに聞くと、「レンタルお姉さんのことは、いないものとして……早く帰れよみたいには思ってた」「母親に期限は言われていたけど、出て行くつもりは全然なかった」とのことでした。

訪問の8ヶ月間、洋二くんは無反応を貫き通しました。そして約束の日がやってきます。レンタルお姉さんは、運転する他のスタッフと共に、車で家に向かいます。家には両親のほかに、きょうだいまで勢揃いです。

母が「もうこの家にはいられないよ」と説得、他の人たちも声をかけます。洋二くんは黙ったまま動きません。本人の腕を持って立ち上がらせ、玄関まで連れて行くと、「分かったよ」と。これが、レンタルお姉さんが初めて聞いた洋二くんの声でした。それから一度自室に戻り、自分の手で荷物を準備し、自ら車に乗って、洋二くんは入寮しました。

そうやって全くこちらと会話なく、不本意そうに寮に来た洋二くんですが、寮では態度が一転します。

真面目に積極的に活動に参加し、周囲とのコミュニケーションも良好。親はコミュニケーション下手と言っていましたが、むしろかなりおしゃべりな方でした。寮生活をエンジョイしていたタイプです。

寮生活の最後は、寮から教習所に通って運転免許を取得、スポーツ中に怪我をして数ヶ月治療に専念、ハローワークの職業訓練、企業主催の就労支援プログラムにも参加、そのプログラムの関連企業で研修するなど、寮生活は予定の2年をかなりオーバーしました。それでも、研修先の企業にそのまま採用され、無事に卒業となりました。

引きこもっていた頃について、「親が死んで遺体を放置、というニュースをやっていて、自分もこうなるのかなあと思ったりしていた。将来への不安はありました。でも、このままでいいや、一生引きこもっていようみたいに思ってた。今は親に感謝しています」と話してくれました。

最後にした質問、「引きこもりの時間は、どんな意味がありましたか?」には、「すごい無駄です！　ほんと無駄！」という答えでした。引きこもり経験談でこういう言葉はなかなか聞けないでしょう。もっと若い時に社会に出ておけば良かった、とも言っていました。

人と関わるのが好きでユーモアもある洋二くんは、相手が第三者でも、「家」という空間の中ではそんな側面は一切見せませんでした。家を出てから、一気に気持ちがほどけたケースです。親が途中であきらめず「家族をひらく」レベルを上げ、家を出すところまでやったからこそ、洋二くんは仲間の中で楽しみ、自立したのです。

事例③

有三くん（仮名）は当時、24歳でした。高校は不登校気味ながらも何とか卒業、1浪しますが大学に受からず、その後5年間引きこもりに。その間に何回か自殺未遂をしていました。

焦らずゆっくり関係性を作り、寮生など他の人とも接する機会を設け、楽しい時間を過ごしてもらうことを目標に、レンタルお姉さんが支援を開始します。

まずは毎週、手紙だけを出し続けます。３ヶ月目の終わりに予告しておいた時間に電話をかけると、有三くんは電話に出てくれました。

「手紙をありがとうございます」というお礼の言葉から始まり、今度クリスマスパーティーをやるからおいでよと誘うと、ＯＫしてくれました。初回の電話から、和やかに30分話すことができました。

そして約束の日に事務所に来て、ケーキを食べ、寮生と卓球をし、出し物のダンスを見て、クリスマスパーティーを楽しんでいました。レンタルお姉さんだけでなく、他のスタッフや寮生とも、よく会話をしていました。

その後は電話をすると必ず出てくれ、初詣や美術館に行ったり、事務所で卓球をしたりして、寮生も入れた複数人で遊びました。有三くんも笑顔を見せてくれ、馴染んでいる様子がありました。大学受験の話など、似たような経験をした寮生と、話も盛り上がっていました。

ですが初対面から３ヶ月後に、親から「支援を終わりにするよう本人が言っている」

と連絡が入ります。どうやら親が本人に迫られて、支援の料金を話してしまい、本人がかなり感情的になったようなのです。

　こちらからは気持ちが落ち着くまでまずは1～2ヶ月の休止、その後は長引くと本人が苦しむ時間が長くなるだけなので、早く環境を変えることを提案しました。少しでも先に進んでいる実感を早く持たせる方がいいと考えました。

　しかし親は「まずは親子で向き合ってみます」と、一旦支援の終了を希望されました。最終的には親の判断になるので、こちらはその希望を受け入れました。

　有三くんからレンタルお姉さんには、「最後に挨拶に行きたいです」と連絡があり、事務所で会うことができました。

「親にお金を払わせているのが申し訳なくて」と言うので、「寮生の卓球に参加するのは、費用がかかるわけではないから、遊びに来てね」とレンタルお姉さんが伝えると、乗り気な様子がありました。

　有三くんがその後こちらに顔を出すことはありませんでした。半年後に親から、有三くんが亡くなったという連絡が入りました。「優しくしてくださってありがとうございました」とレンタルお姉さんにお礼を言われましたが、レンタルお姉さんは有三くんの笑顔ばかりが心に浮かびました。

訪問の終了後に本人が亡くなってしまったケースは、25年で１０００人を優に超える訪問支援の中で、やはり何人かあります。有三くんのように話ができていた人は珍しく、本人の拒否が強く会えずじまいで、親が諦めて終了になった人がほとんどです。

支援終了からすぐに自殺した人には、「表面上は拒否していたけれど、実は可能性を感じていたのでは。そのまま訪問を続けていれば」と思えてなりません。一人暮らしでその後病死した人には、「多少強引にでも入寮させておけば」という気持ちにどうしてもなります。

地元が怖いというイメージを払拭するのが難しいのと同じで、一度本気で「死にたい」と思ってしまった家という空間でポジティブに変化するのは、なかなか難しいのではないでしょうか。

逆効果の場合もあるはずなので、家族がひらくよう強く働きかけることが絶対の正解だと言うつもりはありません。ただ、ひらきかけていた家族が閉じて、本人につながる糸口が家族の中に戻ってしまい、その結果、命を失ったケースがいくつも存在することは、紛れもない事実です。

第3章　「信じて待つ」は3年まで

30年言われ続ける「信じて待ちましょう」

１４６万人という引きこもりの人数、その中でも中高年引きこもりが過半数を占める現状には、引きこもりの長期化が大きく関係しています。ここ数年で新しく引きこもった人だけで、こんな人数にはなりません。10年20年前に引きこもり始め、長期化して今に至った人に、新しく引きこもった人が加わってのことです。

これだけ長期化した背景には、支援者が相談してきた親に示す典型的な対処方法の言葉、「いつか本人が動き出しますから、それを信じて待ちましょう。それまで見守っていきましょう」が大きく関係しています。少し乱暴に言えば、この言葉が引きこもりの長期化を推し進めた戦犯の1つだと思います。

その言葉がなぜ使われるようになったのかは、前著『コンビニは通える引きこもりたち』第5章で触れました。引きこもりより歴史の古い不登校への対応がそのままスライドした可能性を、確証はありませんが説明しています。しかし、当時のニュアンスは第一人者が「親子関係を親自身が変えていく」と親に能動的に動くことを求め、結果は焦らず待つというものでした。「親は手も口も出さずにじっと待つ」という現在の「信じて待つ」のイメージとはだいぶ違っており、なぜこの言葉がこんなに浸透したのか未だに分からないままです。つまり「信じて待つ」は、どこから出てどう広がったか分からない、あやふやな支援方法なのです。

この「信じて待ちましょう」を、多くの支援者が親に伝えてきました。私たちが支援を始めた1990年代はもちろんのこと、2023年に入ってからも「つい最近の市の引きこもり相談で、『待ってあげて』と言われました」などと相談者から何度も聞かされています。30年間、このフレーズが使われ続けています。

結果として、引きこもりは長期化し、中高年が主流になり、人数も増え続けています。先ほども述べた調査結果ですが、中高年引きこもりのうち7割が3年以上、5割が7年以上、3割が10年以上で、30年以上も存在します。つまり、10年20年30年待っても引きこもりから脱出しない人が、相当数いるわけです。信じて待っても、解決する保証などは全くないのは、調査結果から明白です。

私たちは1990年代から、待ってズルズル長期化する危険性を訴えていたのですが、うまく届きませんでした。危惧していた未来が現実になってしまったことは残念でなりません。今度こそこの流れを断ち切るために、この章全てを「信じて待つ」の問題に費やしたいと思います。

いったい何年待つべきなのか

「信じて待つ」が浸透した一因に、この対応が完全な間違いとは言えない、という事実があります。信じて待つ方がいい場面も実際にあります。

引きこもりの原因は、学校や職場でのいじめ、他人や社会との関係に疲れた、自分の将来に悩んで動けなくなったなど様々です。心に傷を負っている人が大半でしょう。

そういった引きこもり始めの傷がまだ新しい時には、周囲が本人を動かそうと色々と強制すると、心に更に負担をかけてしまうかも知れません。まずは傷を癒す期間が必要です。これからのことをゆっくり考える、自分を振り返る時間も必要です。この時は親が色々と手や口を出したりせず、優しく見守ってあげる方がいいでしょう。

個々の状況によるので100%とは言えませんが、引きこもりの初期対応は、「信じて待つ」が大半のケースで適切だと思います。傷が癒えると、引きこもりを自ら脱出し、動き出せる人がいます。

ですが同時に、一番ひどい落ち込みは脱したように見えるのに、引きこもり続ける人もいます。この時に考えなくてはいけないのは、まだ傷が癒えていないから動けないのか、他の要因で動けないのかです。

例えば仕事で失敗して自分に自信が全く持てずに動けなくなった人の場合、引きこもっていても仕事への自信は回復しません。就職に向けて動き、成功体験を積みながら自信をつけていくといった、外での活動が大切になります。

引きこもることで解決する要因と、引きこもるだけでは解決しない要因が混在する中で、親はどう判断したらいいのでしょうか。

個別の状況は、やはり相談をしていただかないと分かりません。ですが引きこもり年数でも、ある程度の線を引くことができます。私たちが推奨する「信じて待つ期間」は、1年です。引きこもってから最初の1年間くらいはそっとしておく、待つことをお勧めしています。

1年あれば、最初の傷は癒えている可能性が高いでしょう。一部時間がかかる人もいるでしょうが、それでも3年もあれば十分です。引きこもって解消できる問題はこのくらいで完了しており、残っているのは引きこもっても解消できない問題と考えられます。つまりそのタイミングを過ぎたら、「信じて待つ」をやめて、親は第2章の「家族をひらく」といった何かしらの行動をしていくべきだというのが、30年弱の支援経験から来る私たちの考えです。

病気で外に向けて動けるまでもっと年数がかかるケースもあるでしょうが、その場合は病院にかかり、治療する期間に移行します。生活は引きこもり的ですが、じっと「信じて待つ」のとは違います。やはり何年も状態が改善しないのであれば、「待っていればそのうち動けるようになる」と思わない方がいいでしょう。適切な治療を受けてください。

信じて待つことは間違いではありませんが、「では一体何年待つのか？」という議論が全くなされていないことが大きな問題です。そのため引きこもりが5年10年のケースでも「信じて待ちましょう」というアドバイスをされ、その結果、更に引きこもりが長期化しているのが支援の現状です。

抜け出した人は3年以内が大半

引きこもりを「信じて待つ」のは長くても3年まで、と私たちが考える理由を3つお話ししていきます。1つ目は、元引きこもりの人の多くが、引きこもって3年までに脱出していたという、公的な調査結果があることです。

15歳から39歳を対象にした平成27年度の内閣府の「若者の生活に関する調査」では、過去に引きこもりだったという人に、引きこもっていた期間を質問しています。結果は、引きこもっていた期間が6ヶ月〜1年が39・2％、1〜3年が28・5％、3〜5年が9・5％、5〜7年が6・3％、7年以上が14・6％、無回答1・9％でした。

引きこもりから抜け出した人の4割が1年、7割弱が3年以内でした。

一方、中高年引きこもりでは、6ヶ月〜1年が25・4％、1〜3年が27・6％、3〜5年が8・2％、5〜7年が3・7％となっています（内閣府「平成30年度　生活状況に関する調査」。対象は40〜64歳）。中には30年以上という人もいますが、親が亡くなって支援につながった可能性などもあり、どこまでプラス要素と捉えていいのかは分かりません。

はっきりしているのは、中高年でも5割強が引きこもり3年以内で、それ以降はがくんと数字が下がるということです。つまり引きこもり3年を過ぎると、脱出する機会は少なくなり、その後はズルズル引きこもり続けるという傾向が見えます。

それぞれの状況があるので一概には言えませんが、客観的に割合を見れば、「一般的に3年以上信じて待つのはお勧めしない」と私たちがお伝えするのも納得していただけるかと思います。

ニュースタートの支援はおよそ2年

2つ目の理由は、実際に私たちが支援をしていて、「2年あれば結果が出せる」と考えているからです。

引きこもって最初の1年は、第三者が家の中に入っていくのはあまり好ましくなく、そっとして回復に努めてもらう方がいいでしょう。引きこもって半年ほどで相談が来た場合は、「もう数ヶ月様子を見ましょう」というアドバイスをすることも多いです。

1年たったタイミングから支援を始めたとします。例えば訪問支援であれば、1年で7~8割の人は自立や親の金銭援助がある半自立、または入寮など、具体的な次のステップに進むという実績があります。寮は2年ほどで7～9割の人が自立や半自立という形で卒業していきます。

もちろん支援がうまくいかない人も一部います。その場合はずるずる支援を続けることはせず、支援を終了するか、他の支援につなぎます。例えばニュースタートで対応し切れないような、精神疾患や発達障害がある人であれば、病院や就労移行支援、グループホームなどに紹介します。

1年から長くても2年あれば、私たちの支援が合うのかどうか、どんな支援なら合いそうなのかの判断はつきます。私たちは民間団体で料金をいただいていることもありますので、「これ以上同じことをやっても効果はないだろう」と思えるところまで、2年のうちに支援をやり切る意識で臨んでいます。

最初の1年は優しく見守って「信じて待つ」方がいいケースが大半と思いますが、その後の2年で「信じて待つ」が本当に有効なのかどうかの判断が十分つくと考えます。その方法で動き出せる人は動き出すでしょうし、動き出さないならその支援が本人に合っていないと判断するべきです。1年と2年、合わせて3年が、「信じて待つ」のリミットだと思います。

3年経つと「引きこもりの心と体」になる

最後の3つ目の理由は、私たちが実際に支援した若者たちの言葉が説明してくれます。

「最初の1、2年は何とかしようと色々考えていた」

「3年くらいすると、考えても辛いので、考えなくなった」

引きこもっていた頃を振り返った時に、こう話す若者がとても多いのです。引きこもって最初の頃はどうしたらいいか考えているのですが、だいたい3年を過ぎると何も考えなくなり、そこからはズルズルと時間が過ぎていくようです。

思考を止めてしまう背景には、考えても答えが出ないことによる苦しみやつらさがあります。仕事や学校などの現実的な苦しさから引きこもりになり、そのうちに引きこもっている現実にも苦しくなって、考えないようにするというパターンが一番多いでしょう。

どんな生活をしていたかという質問の答えには、最初の数年の記憶は比較的鮮明、3年以降は5年も10年も20年もあまり変化がなく時間感覚がない、似たような生活の連続であまり言うこともない、といった傾向があります。これを私たちは、「引きこもりの心と体になる」と言っています。

心も体も、やはり日常的にある程度動かしておかなければ、動きにくくなるのは当然です。何かいい選択肢が目の前に来た時に心がパッと反応する、チャンスを掴むためにすぐ体を動かす。そうできるためには、心と体が動きやすい状態になければなりません。引きこもり中もよく散歩していた、部屋で筋トレをしていたという人は、やはり体は動きやすい傾向はあります。

一方、心の動きは総じて鈍いです。色んなことに感動しにくく「つまらない」と言いがちですし、新しいことへ気持ちの上で順応するのも苦手です。もともとそういう性格だという側面もあるでしょうが、間違いなく「心の筋肉」も落ちています。

このように引きこもりの心と体になった、なかなか動けない相手のことを、そっとしたまま更に何年も待っていたらどうなるでしょうか。心と体の引きこもり具合が更にひどくなるのは想像に難くありません。

引きこもりとゲームの関係

引きこもりとゲームの関係についても、ここで述べておきます。

引きこもりの大半の人が、ゲームにかなりの時間を費やしています。一日中ベッドの上でスマホを見ている、夜中にオンラインゲームなどをして昼夜逆転しているというのは、引きこもりの一般的な姿です。パソコンもスマホも持っていないケースは近年では珍しく、大人の年齢であってもほとんどの人がゲームをしています。

引きこもりに関連してよく問題視されるのが、「ゲーム依存症（障害）」でしょう。

ゲーム障害（Gaming disorder）とは、WHO（世界保健機関）に2019年5月に国際疾病分類として認定された、れっきとした病気です。

①ゲームのコントロールができない
②他の生活上の関心事や日常の活動よりゲームを優先
③問題が起きているにもかかわらずゲームを続ける、またはエスカレートする
④ゲーム行動により、個人や家庭、社会、学業、仕事など生活に重大な支障をもたらす

上記の4項目のすべてが当てはまり、基本的に12ヶ月以上続く場合に「ゲーム障害」

と診断されます。永続的または反復的なゲーム行動によって、利用時間等を自らコントロールできなくなり、日常生活へ影響を与えます。

小中学生など年齢が低いとゲームに飲まれやすく、本当にゲーム障害と言えるような状態があるのかも知れません。ですが私たちが支援している成人の引きこもりの人たち（ニュースタートの支援対象は18歳以上）は、ゲーム障害ではありません。

最大のポイントは、最初の「ゲームのコントロールができない」という項目です。ゲーム障害とは、「本人がやめたいと思っているのにコントロールできない」状態です。

一方、私たちが見てきた若者たちは、「このままではいけない」という気持ちがあり、それを紛らわすようにゲームに没頭しています。動き出すのはハードルが高い、どうしたらいいか分からない、考えても苦しくなる、だからゲームに向かうのです。

またゲームは、何もすることがない膨大な時間を過ごす手段でもあります。確かにゲームはストーリーがあり、攻略を考える楽しみがあり、クリアする達成感も味わえます。空虚な気持ちや時間、時折襲ってくる自己嫌悪や無力感をごまかすにはうってつけです。

「やることがなかったから」

「別に楽しくはなかった」

寮に来た、ゲームをしていた若者たちにゲームのことを聞いても、返答はこの程度です。心から楽しくゲームをしていたという人は、実はいません。みんな心のどこかで、これが現実逃避だと分かっています。これではゲーム依存症には当てはまりません。

またゲームを引きこもりの原因ではないかと考える親がいますが、引きこもりの原因は別にあり、ゲームはその原因から逃げる手段でしかありません。ゲームをいかにやめさせるかではなく、引きこもりの根本原因を考える必要があります。

年数が経った引きこもりの人たちの大半は、これからへの不安や考える苦しさをゲームでごまかし、楽しくないと思いながらも他に何もないのでゲームに熱中しています。現実逃避している状態を「信じて待つ」と、更に時間が過ぎるだけです。

居たくて家に居るわけじゃない

そもそも「信じて待つ」には、「家こそが安心な居場所である」という前提があります。家が傷を癒してパワーチャージできる、安全な居場所であるからこそ、そこで待つことに意味があります。時間と共に動き出す可能性があります。ですがこの前提を疑う必要があります。

全ての家庭が本人にとって安全な居場所とは限りません。若者たちの話を聞いていると、生命維持できる程度の安心感はあるものの、問題の本質に向かうだけの、動き出す力が溜まる場所ではないケースが大半です。引きこもりが一定期間を過ぎているなら、家はパワーチャージできるような居場所ではないと判断する方がいいでしょう。この期間の目安も私たちは3年以内と見ています。

引きこもりが3年を過ぎたら、家を安全な居場所にする努力をするよりも、いかに家族をひらいて外につなぐかを考える方が解決に結びつきやすいのです。親は内向きに我が子を守る思考をやめ、視線を外に向けるべきです。

「家は居場所ではなかった」
「家にいることは苦しかった」
「いるだけでパワーを吸い取られた」
「外も家もつらい。自分の部屋が一番マシだったというだけ」

これらが、私たちが聞いた若者たちの実際の言葉です。

彼らの親は毒親などではなく、子どもを何とかしたいと考えている熱心な方ばかりで、残念なすれ違いとしか言い様がありません。ですが、これが子ども側の正直な気持ちなのですから、仕方がありません。

こうした彼らの言葉のもう一つのポイントは、働いて一人暮らしを始め、自立をした元引きこもりの人たちが発している、ということにあります。

自立して自分の城と言える空間を手に入れ、自分の居場所を得た今になって、「あの家は自分の居場所とは違ったな」と思っている、という順番です。家で引きこもりながら、「ここは自分の居場所ではない！」と思っていたという話はほぼ聞いた覚えがありません。当時はそこしかいる所がなく、比較対象がない状態だからでしょう。

なので子ども本人も居場所になっていないという自覚がなく、頑張っている親にも自覚がなく、しかし現実は安全な居場所として機能していない、という構図になります。だからこそ誰も気づかないまま、何年も時間が過ぎてしまうのでしょう。

最初の1年の対応を間違えると家は居場所になれない

家でパワーチャージに至らない背景には、いくつかのパターンがあります。

まず1つ目は、先ほど述べたような、引きこもりでは解決しない要因だけが残っているパターンです。親の頑張りが実り、家が傷を癒せる場所であったなら、なおさらです。

1年程度のうちに傷は癒えていますから、それ以外の要因が残っているということになります。これ以上家を安心な場所にしようと親が頑張っても、引きこもりの解決にはつながりません。それ以外の行動が必要です。

2つ目は、引きこもる前から親子関係があまり良くなかった、相性が悪いなどのパターンです。小中学生の相談なら分かりませんが、私たちが支援する18歳以上の人の場合、相談に来られた時点で親子関係はほぼ完成しています。その人にとって家がどんな場所であるかも確立してしまっています。

どんなに親が頑張っても、これまで安心できる場所、傷を癒せる場所ではなかった家が、本人にとって急に存在価値が変わることは稀でしょう。一人暮らしをさせて、本人が新たにパワーチャージできる居場所を作っていく方が手っ取り早く、早期解決に繋がります。

3つ目は、これが意外と多いのですが、引きこもりの初期対応のズレがずっと尾を引いているパターンです。

安心して傷を癒してもらうには、引きこもって最初の1年が勝負です。ここで「怠けている」といった厳しい言葉をぶつけたり、元のレールに戻そうとするような理解のない行動があったりすると、本人が「ここでは理解してもらえない」と思うようになり、家が安全な居場所ではなくなります。こうなると2つ目のパターンと同様で、後から対応を変えてもなかなか難しく、一人暮らしに出す方が手っ取り早いということになります。

たいていの親は我が子がそう感じていることには気付いていません。いざそういう言動に出会った時の子ども側の諦めのスピードはこちらが驚くほど速く、ほんの数回の出来事で10年も心を閉ざしたままのケースもあります。引きこもった当初の、初期対応の大切さを深く感じます。

自室からほぼ出ない、親と生活リズムをずらしてなかなか会えないケースでは、2パターン目や3パターン目の割合は高いように思います。家は安心な居場所ではありませんから、そこに何年いてもパワーチャージはできず、動き出せません。本人に当時のことを聞くと、前項でお伝えしたような返答をします。

また1パターン目は、家がいい居場所になっているものの、それでは解決できない要因があります。本人は「親は……ああ、何かやってましたね」程度で、親の頑張りが子どもには全く届いていない様子がうかがえます。

どれも家をパワーチャージできる安心な居場所にしようという親の行動が、子どもの引きこもりの解決にはなかなかつながらないケースばかりです。これでは、信じて待つことには意味はありません。

親も引きこもりに慣れていく

時間と共に心と体が動きにくくなっていく、ゲームに逃げて更に思考を停止させている、家でパワーチャージができない……。「信じて待つ」では解決が難しい、子ども側の理由をいくつかお伝えしました。

次は、親側のお話です。

実は親も、時間と共に子どもの引きこもりに慣れてしまい、心が動きにくくなっていきます。ちょっとした変化に順応できなくなってしまいます。

一番よくあるのは、子どもの変化に恐怖心が湧きやすくなるパターンです。子どもがいつもとほんの少し違う言動をするだけで、心が落ち着かなくなります。引きこもる前なら特に気にも留めなかったような事柄に一喜一憂します。

親にとって一番安心な状況は、現状維持です。子どもが引きこもっている状態こそが、いつもの日常になります。もちろんこのまま引きこもりが続いたらどうしようという将来への不安はあるのですが、目の前の変化が大きく状況悪化につながるのではと思うと、そちらの不安の方が勝ってしまいます。

そうなると親は子どもの変化を後押しするどころか、恐怖や不安から変化を止めるような言動を取ってしまうことがあります。小さな変化の芽を、親が摘み取ることになります。すると当然ですが、引きこもりは長期化します。

親がこちらに相談に来る際も、「いつの間にか10年経ってしまいました」という方がよくいらっしゃいます。引きこもりも3年を過ぎると時間感覚がなくなり、実感がないままに年数だけが重なっていく状況が生じますが、親も同じです。自分の日常や仕事はちゃんと動いているのに、子どもの周りだけが時間が止まったようになります。

また、とにかく変化を恐れる親も珍しくありません。何とか相談には来たけれども、実際に訪問など子どもへのアプローチを提案すると、「やっぱりいいです」と断ります。そこに具体的な根拠がある場合ももちろんありますが、今の子どもへの対応を変えることがとにかく怖いのです。

例えば部屋まで食事を届けているケースもまだ時々ありますが、親も頭では「これは良くない。本人に取りに来させる方がいい」と分かっているけれど、「でも食事を届けなかったらどうなるんだろう、何か悪い状況になったらどうしよう」という恐怖が先に来てしまいます。

長期化したケースの親に「こういうことをやっています」とお話しいただいても、「その程度では子どもは気にも留めないだろうな」という内容である場合がほとんどです。親としては頑張って一歩踏み出しているのですが、知らず知らずのうちに歩幅がかなり小さくなっているのです。

そしてとにかく決断を先送りにする親もいます。例えば「相談した方がいいかな、どうしようかな、また今度考えよう」と、何も決めないことを選択し続け、その連続が引きこもりの長期化になっているパターンです。

子どもの引きこもりが3年を過ぎた親は、自分の心まで引きこもりになっていないかを、振り返ってください。「信じて待つ」を続けるうちに、今まで通り待つことが一番楽、結果ただ待つこと以外できない、という心理状況に陥っているかも知れません。

いつもの親子の会話パターンが出来上がる

子どもの側から動き出す可能性は低い、親の側も無意識に現状維持に傾く。そんな状態では、事態を動かすような会話を親子間でできるはずがありません。相談に来るご家庭の大半は、会話が全くない、メモ書きやＬＩＮＥならやり取りがある、会話はあるが雑談のみ、のどれかに当てはまります。「親子できちんと話し合いができています」という家庭は稀です。

本来なら、少しでもやり取りがあれば、そこから変化のきっかけが生まれる可能性があるはずです。ですが変化を恐れる親は、そういう会話は避けようとします。

意を決して、できるだけさり気なく「こういうバイトがあるよ」とチラシを見せてみても、子どもは一瞥するだけでそこから先の話はできません。そういう親の行動に子どもがイライラした姿を見せ、親が慌てて話を引っ込めるパターンもあります。またはそういう過去の経験から、何年も全くそういう話は出していないという親もいます。

そして子どもの側も、うっかり「このバイトならできるかな」とでも言おうものなら、親が前のめりになって、例えば求人を持ってくるのではないか、いざ嫌になっても逃げられなくなるのではないかという恐怖心があります。または表面には出さなくても親が期待し、その後動けない様子を見て落ち込むという、一連のパターンをよく分かっています。親は自分の言葉で一喜一憂してしまいますから、下手なことは言えません。親を期待も失望もさせないような言動を心がける人が多い印象です。

親子のコミュニケーションは、３年もすると、一定のパターンができているのが普通です。「食事のメニューの話はする」「テレビを見ながら、その番組についての話はする」「夕飯中だけは少し会話がある」など、内容は家庭によって様々ですが、いつもの会話のパターンが存在しています。

直接の会話以外でも、ＬＩＮＥなら返信が来る、週に１回くらいは見ているようで既読がつく、メモを置くとイエスかノーの返事は書かれるといった具合です。

全くコミュニケーションが取れていない家庭でも、夜○時以降は親はリビングから離れるようにして子どもが食事に来られるようにする、廊下にいる時にトイレからノックが聞こえたらその場から離れてあげるなど、暗黙のルールのようなものが存在するケースはよくあります。

全てに共通しているのは、そのパターンを超えるコミュニケーションを取ることに、親が躊躇するところです。３年という時間の中で、会話のパターンはどんどん出来上ががっていき、いつもとは違うコミュニケーションへのハードルがどんどん高くなります。これでは、親子の会話の中で変化を生むことはできません。どれだけ待っていても、時間と共に会話のパターンは更に固まっていき、引きこもりは長期化していくことになります。

3年で引きこもりが「固定化」する

私たちは長い引きこもりを、長期化ではなく「固定化」と言っています。長期化と言うと、ダラダラ続いているだけでいつか動くかも、というニュアンスにも聞こえます。ですが「固定化」と言われると、動きそうにないというイメージがよく伝わります。

実際のところ、20年30年と引きこもり続け中高年になった人の多さを思えば、長期化よりも固定化の方がしっくりくるのではないでしょうか。しかも時間と共に、更にぎゅっと固定されていきますから、「溶かす」のがどんどん大変になるわけです。

3年もすると、色々な固定化が生じます。まずは子ども本人の固定化です。引きこもりの心と体になり、動きにくくなります。現実逃避でゲームに没頭して、何も考えないようにしています。更に家が居るだけでパワーが吸い取られる場所になっているという場合もよくあります。引きこもりの状態で固まっており、自然に何か変化が生まれる感じはしないでしょう。

次は親の固定化です。子どもが引きこもっている状態に慣れ、見守る姿勢のままで固まります。わずかでも変化が見えると恐怖心が湧き、変化を止めるような言動すら取ってしまいます。

そして親子関係の固定化です。いつものパターンの会話、コミュニケーションのやり方が、時間と共に出来上がってしまいます。そこからはみ出すコミュニケーションへのハードルは高くなります。互いにその枠に収まるような会話をし、変化を生むような会話にはなりません。

子ども、親、親子関係の3つが固定化すると、家そのものの固定化の完成です。こうなると、家の中に引きこもりの解決に動くような、変化の要素が全くありません。そのまま「信じて待つ」を続けていても、ただ引きこもりが長期化していく可能性が高いでしょう。

親がこの事実に気付き、自覚をして、あえてパターンを壊すようなコミュニケーションを継続的に試みる、家族をひらいて第三者を入れるなどして、固まった家の中の空気を変えるしかありません。

3年過ぎたら第三者の支援へ

引きこもり年数によって親がどう対応を変えていくか、まとめます。

まず引きこもって最初の1年は、学校や職場で受けた傷を癒す、自分やこれからのことをゆっくり考える時間です。傷が新しいうちに強く働きかけをしても、あまりうまくいきません。「信じて待つ」がプラスに働きやすい期間です。

この初期対応を失敗すると、その後もずっと、家が子どもにとって「安心できる居場所」にならなくなる危険性があります。どんなに家にいてもパワーチャージできず、動き出す力が溜まらなくなるので、特に最初の1年の対応は注意が必要です。

ただし傷を癒す期間は、基本的には1年あれば十分です。長い人でも3年まででしょう。それ以降も動けないのであれば、引きこもっているだけでは解消できない、もっと別の何かがあると考えましょう。例えば自信がないから出られないのであれば、外に出て経験の中で自信をつけていくしかありません。そのための方策を考えるべきです。

引きこもり2年目3年目は、子どもの状況により対応が比較的バラバラな時期です。まだ傷が癒えていない場合は、もう少し信じて待ってみるのもいいでしょう。「信じて待つ」から、「親がアクションを起こしていく」に移行するのも1つの手です。その内容も、親が自分で考える場合と、第三者に相談して決める場合があります。第三者を入れ、訪問など直接的な関わりに向けて動くのもいいでしょう。

引きこもりが3年を過ぎたら、「信じて待つ」はやめましょう。家庭内で何とかしようとするのも諦めてください。子どもも親も、親子関係も「固定化」しており、変化が生まれにくい状況が完成しています。この段階以降の「信じて待つ」では、ただ引きこもりがダラダラと続き、気付くとあっという間に10年20年が経ってしまいます。

家庭内解決も、固定化した親子では難しくなります。まずは相談し、第三者の意見をもらうところからでも構いませんので、家族をひらいてください。第三者のアドバイスがあっても、子どもに関わるのが親では変化が見込めない場合もあります。施設に行かせる、無理なら訪問してもらうなど、第三者が直接本人と関わるやり方を考えましょう。

引きこもって最初の1年は「信じて待つ」で見守り、3年を過ぎたら「信じて待つ」は終わりです。2年目3年目は、その移行期になります。考えられる支援の移行は、次の3パターンになるかと思います。

　家族をひらく気持ちがあり、または自分たちではどうにもできないと思っている親なら、1年目から第三者へ相談だけには行きながら本人へのアクションは起こさず、2年目から第三者が直接関わる方向で進めるのがいいでしょう。

　多くの親は、家族をひらく、第三者を入れることには抵抗があります。その場合は、1年目は信じて待つ、2年目3年目は少しずつ親が働きかけをしてみる、3年を過ぎたら親が自分でやるのは諦めて第三者へ、まずは相談からという流れでいいと思います。「信じて待つ」を3年やる場合もあるでしょうが、その際は3年を過ぎたらまっすぐ第三者へ相談するようにしてください。そこから親が働きかけをと考えてしまいがちですが、親はもう固定化しているので、変化や解決を望むなら第三者の視点や意見が必要です。

　以上は単純に引きこもり年数だけでの判断なので、もちろん個々の状況を伺うと違うアドバイスになるかも知れません。ただそのためにも、第三者に相談するというプロセスは絶対に必要です。

　この本を読まれている時点で、引きこもって3年以上が経過しているという親もたくさんいることでしょう。その場合は少しでも早く、第三者に相談してください。止まって固まってしまった子どもの時計の針を動かすのは、親しかいません。

支援はどんどん変えていい

家族をひらいて第三者に相談を、と繰り返しお伝えしていますが、ここでもう1つ知っておいていただきたいことがあります。それは、支援の効果が見えない、具体的な結果につながっていないのなら、どこかの時点で「この支援はうちの子に合っていない」と判断し、支援を変える方がいいということです。その見極め期間は、実体験から私たちは2年でいいと考えています。

公的支援と民間支援、対象年齢の違い、通所型と訪問型と合宿型、対象が病気の方か発達障害の方か、そのどちらでもない方か、目標が本人の気持ちが楽になることか自立かなどに応じて、支援には本当に様々なものがあります。万人に合う支援などはなく、その人その人によって合う支援は違います。どんなにいい支援であっても、その支援が合わない場合もあります。

合う支援であれば、2年もすれば大きく状況は変わるはずです。私たちの場合は自立や入寮などが、状況が変化したかどうかの判断基準です。それ以外でも、全く家から出なかったが施設に通うようになる、ずっと他人と会話することがなかったが友人ができて遊びに行くようになった、バイトを始める、面接に行くなど、誰の日からも明確に「変わったね」と言えるような状況変化があれば、その支援は成功と言えます。「夕食後のお皿を台所まで下げに来るようになりました」「親と少し会話ができました」などの小さい変化では、その人に合う支援とは言えません。

病気の場合は少し別で、2年で完治するという印象ではありません。それでも子どもが医者を信頼して通院し、必要な投薬を受けて状態が安定しているなど、2年あれば「この医者や病院が合うのかどうか」の判断はできると思います。内科的な病気であれば、2年も通院し症状が悪いままなら、病院を変えるか、セカンドオピニオンを検討するのが普通です。引きこもり支援も同じです。2年やってみてはっきりした変化がないなら、支援を変えるべきです。

あちこちの支援を受けるのはどうなのか、受けるなら最高の支援を探したいという親もいます。ですが私たちが支援するにあたり、他所の支援を以前受けていても全く構いませんし、そういう親が過半数です。

本人が以前に受けた支援の話は、とても参考になります。こういう支援でダメだったからうちは違うアプローチをという判断が最初からでき、支援期間を短縮できるかも知れません。同じ引きこもり年数であれば、何もしていないより、こういうこともこういうこともしてダメでした、というお話が聞ける方が情報量も多く助かります。

ですから引きこもって3年が過ぎたら、最高の支援探しばかりに時間を使うのではなく、いいと思われるところがあればとにかく支援を受けるようにしてください。支援が合わなければ変えればいいですし、「こういう支援は合わなかった」という失敗も次につながる財産になります。

「子どもが自ら動き出すのを信じて待つ」をどこかの時点でやめるのと同様に、「特定の支援を信じて待つ」のも、どこかの時点でやめる判断が必要です。その見極めは2年でできると私たちは考えています。支援は合わなければ変えればいいという前提に立ち、情報収集の意味でも、悩みすぎずに支援を受けてみることもお勧めします。

「断らない支援」というトラップ

支援を変えるという話に付随して、支援者に向けた話を少しさせていただきます。

私たちは、ニュースタートの支援も含めて、支援は2年で合うかどうかの見極めを、という考えですが、引きこもり支援業界全体は違う方向に進んでいるように思います。支援全体は「断らない支援」を目指している印象です。特に公的支援はそれが顕著です。

確かに、やっとの思いで相談に行ったのに、「うちではないです」とたらい回しにされると、当事者は傷付きます。いい支援とはとても呼べませんし、この体質は変わるべきです。もし担当部署ではないとしても、きちんと最初の相談は受け、自分が間に入って適切な部署へつなぐといった対応をしていただきたいです。

ですが近年気になっているのは、5年10年と支援し引きこもりの状況に変化がないのに、相談などに来させ続けているケースです。「断らない支援」が「相談を断らない」になっているだけで、問題の解決には繋がらないのでは、と思わざるを得ません。

「10年親の相談を受け続けて、やっと本人が相談に来てくれました」「訪問もして、15年かかりましたが、やっと本人と話ができました」といった支援者の言葉を、直接または間接的に聞くことが時々あります。問題は、これが成功事例として、嬉しそうに語られた言葉だということです。私たちにとっては、10年も支援していたなら立派な失敗事例です。10年支援したということは、10年本人の時間を使ったということです。20代と

30代、30代と40代では就職のしやすさもだいぶ違いますから、なるべく若いうちに支援を終える方がいいに決まっています。だからこそ自分たちの支援も2年で見切りをつけ、合わない支援をズルズルと続けて本人の時間を浪費しないことを心がけているのです。

確かに私たちのような訪問支援も寮もない支援機関なら、できることには限りがあります。親か本人に相談に来てもらうしかない、という場合もあるでしょう。その場合は、訪問をやっている機関や民間団体を紹介することもできるはずです。具体的なつなぎ先が頭にあるなら、相談を受け続けることにも意味はあります。

考えていただきたいのは、何年経っても自分たちの支援では思うような変化がない、つなぎ先も思いつかない、つなぎたい先はあるがうまくつなげないという時に、「断らない支援」をやり続けるのが正しいのかどうかです。

つながり続けることが自己目的化していないか

ここでもう1つポイントとなるのが、つながり続けることの意味合いです。

支援者の多くは親とつながり続けることを大切にしており、それは理解できます。ただし、つながることは引きこもり解決に向けた、単なる手段のはずです。それが支援の目標にすり替わってしまっている場合が多々あるように感じます。「それでもつながりがあるのは悪いことではない」と思われるかも知れません。ですが「どこかにつながっている」という中途半端な安心感は曲者で、時にはその状態で安定、固定化してしまい、違う支援を自ら探す動機が削がれる結果になりかねません。自分が中途半端に手を握り続けることで、その人が他の人に手を伸ばす機会を奪っているとも言えるのです。

私たちは、2年でその人に自分たちの支援が合うか合わないかを判断します。相談の時点で判断がつけば、支援そのものをお断りします。そうやって合わない支援を続けさせない、時にはこちらから支援を断ることが、本人の時間をなるべく浪費せずに適切な支援につながる可能性を上げ、本当にその人のためになるのではないかと考えるからです。

例えば無料の公的な相談窓口に親が通っていたとして、もし窓口の人に「申し訳ないのですが、自分たちではどうにもなりません、もう手だてがありません」と言われたなら、民間の支援や有料の支援も視野に入れて探し始めるかも知れません。そのまま手を離すのが心配であれば、親が見つけた支援が合うかどうかを一緒に確認する、代理で問い合わせをする、相談に同行するといった形でサポートすればいいのです。

ですが、そのように具体的に動く代わりに、「相談を続け、信じて待っていれば、本人が動くかも知れません」と支援者に言われたら、親もそのつもりになり、他の動きをせずに相談に来るだけになってしまうかも知れないのです。その結果、10年15年があっという間に過ぎ去ってしまう可能性も十分にあります。支援者の対応ひとつで、親の気持ち、そして本人の未来は大きく変わっていくのです。それだけの重みがある立場だということを、支援者は忘れてはいけません。

これは心理的には相手を切り捨てるというよりも、自分は相手に何もできないと認識し、相手の人生から自分を切り捨てることと言えるかも知れません。この勇気を持てるかどうかが大事だと思います。興味がない人に告白された時、きっぱり断る人の方が曖昧な返事をする人よりも実は優しい、という話にも似ているかも知れません。

支援者も、親の相談を続けていれば本人につながるのではと「信じて待つ」行為を、どこかでやめる必要があるのではないでしょうか。親と同様に、関係が固定化した中での「信じて待つ」は、引きこもりを長引かせる結果にしかならないからです。

ここで支援者1人1人が、自分も固定化していないか、つながり続けることが支援の目的になっていないか、道筋が見えないのに「信じて待つ」をしていないかを、振り返っていただければと思います。厳しい言葉で言えば、「引きこもりの長期化を支援していないか」を自問して欲しいのです。そしてどういう状況が何年続いたら「信じて待つ」のをやめるべきか、その後はどんな対応をしていくべきなのかを、考えていただければ幸いです。

リスクのない選択肢はない

親や全体に向けた内容に戻ります。これは前著でも書いたことですが、支援を選ぶ際には欠かせない考え方なので、もう一度お伝えします。

どんな選択肢や行動も、リスクは必ず伴います。絶対にうまくいく支援もなければ、絶対に安全な行動もありません。引きこもりは本当に多様で、親がこれならと思って選んだ支援も、やってみると子どもには合わないかも知れません。子どもの状況に大きな変化が見られない場合は、2年を目途にどこかのタイミングでその支援は終了にしてください。急に状態が悪化した場合は、早急に支援をストップしましょう。その支援は失敗になっても、次に生かせばいいのです。

私たちも、病気の心配をしながら入寮し、不安が強まり病状が悪化し、すぐに家に戻した方のケースも経験しています。早急に判断すれば、家に戻りしばらくすると落ち着きます。その後は、訪問で病院に行くように支援し、一人暮らしに出して安定して通院できるようになった状態で支援終了としました。病院に行くように説得する際に、入寮中に調子が悪くなった事実は役に立ちました。

また一時的な親子関係の悪化はよくあります。親が支援や今後の話を始めると、無視して自室に去る人もいれば、怒りを親にぶつける人もいます。ひどい場合は暴力が始まる、暴力が悪化するといったケースもあります。親が変化を起こそうとすると、固定化した子どもは拒否反応を示すのが当然です。拒否反応の程度は色々ですが、そこは避けられない通過点です。

どんな選択肢にもリスクはありますが、リスクを恐れて何もしないより、行動するべきです。行動してみないと引きこもりの状況は変化していきません。何より恐れていた結果になったとしても、そこから分かることもありますし、通るべき通過点の場合もあります。

まずは親が、リスクがあってもどんと構えて進んでみてください。失敗しても、軽やかに方向転換をしていってください。そういった親の変化こそが、子どもの変化を促すのではないでしょうか。そもそも引きこもり支援に限らず、人生の選択にはリスクがつきものなのですから。

待つことにもリスクがある

リスクを恐れてなかなか支援を選択できない、「信じて待つ」を続けている親は、ある事実を忘れています。待つことにも、時間が過ぎていくという大きなリスクがあることを。

年齢が上がり、引きこもり年数が延びて、いいことはありません。待つことは一見プラスにもマイナスにもなっておらず、止まっているように思えますが、実はしっかりマイナス方向に進んでいる状態です。

分かりやすいところでは、年齢が上がりブランクが長くなれば、当然ながら仕事が見つかりにくくなります。本人の中の社会や外の世界へのハードルも、引きこもりの年数と共に上がっていきます。一歩踏み出すことが、どんどん大変になります。

そして引きこもりの「固定化」が進みます。子どもの心と体が「引きこもり仕様」になり、親も信じて待つ状態で固まり、違う行動が取りにくくなります。会話もパターン化して違うコミュニケーションが生まれにくくなり、解決はどんどん遠のきます。

引きこもり2年目3年目をどうするかも、大きな分かれ目になります。「信じて待つ」をしっかりやった最初の1年で傷がすっかり治り、親や第三者が少し関われば動き出せそうという人もいます。でも親から見て傷が癒えたかどうかが分からないので、結局3年待つ場合もあるでしょう。そうすると、せっかく動けそうな2年間という時間を、引きこもったまま過ごすことになります。

いざ就活となると、ブランク1年なら失業保険と貯金で暮らしていたのかなと思われ、さほど気にされないと思います。3年となるとはっきり「ブランク」と捉えられ、正社員を目指すなら必ずどうしていたのか聞かれるでしょう。

引きこもり1年の時点で動く力が溜まっているなら、無駄に長期化させるのはもったいないとしか言いようがありません。早く見守りをやめると本人の負担がまだ大きい可能性がありますが、余分な見守りは引きこもりを悪化させます。どちらにもリスクがあり、絶対の安全策は存在しません。

3年以上の引きこもりの場合も同様です。支援の強さと期間は、トレードオフの関係です。ゆっくり優しく動かす支援であれば、本人の拒否反応もあまり出ませんが、支援に時間がかかります。ある程度強く動かす支援であれば、本人が親に文句を言うなど拒否反応が出る可能性が高くなりますが、自立などの結果は早く出ます。

引きこもりの時間は苦しくつらいものですから、私たちはそんな状態から早く抜け出せる方がいいという考えです。ある程度強く動かしても、20代30代の人は順応できることを経験から知っています。ですから私たちは「具体的に動かせる、解決できる支援」を目指して、押すべき時はきっちり押す支援を行っています。

もちろんこの考えが全てではないので、優しく関わりながら動く気持ちになるのを待つ支援というのも必要です。そういう支援の方が合う人も確実にいますし、引きこもり支援ではこちらの考え方が主流ではないでしょうか。

どちらも支援として間違いではないですし、それぞれに合う人合わない人がいます。そして両方のタイプの支援が存在し、選べる状況が一番健全であると思っています。そしてこの中でどんな支援を選ぶかは、子ども本人による場合もありますが、多くは親次第です。

支援の選択とは、優しいゆるやかな支援の方がリスクが少ないといった、リスクの大小の問題ではありません。そういった支援にも時間がかかるというしっかりとしたリスクがあります。全ての支援にはそれぞれのリスクがあり、支援の選択とは、どのリスクを取ると決断するかです。そのことをご理解いただければと思います。

「信じて待つ」から「信じて背中を押す」へ

「信じて待つ」の対極にある言葉は、普段私たちがお伝えしている「信じて背中を押す」です。

引きこもり3年を過ぎたら、「信じて待つ」をやめて「信じて背中を押す」に対応を切り替えてください、という話を講演会では毎回しています。成功事例を説明し、親がどんな対応をしたのかをお伝えしています。

「信じて待つ」の想像はつくでしょうが、「信じて背中を押す」とは具体的にどんな行動になるのか。実際のところは、状況などによって色んなパターンがあります。

例えば会話はある状態で引きこもっており、動き出すのをただ待っていた状態から、「レンタルお姉さんが来るから相談しなさい」と親から伝えていただくのが、一番簡単な「信じて背中を押す」です。第三者とつながるように、本人の背中を押してもらうのです。

とにかく家から外の世界に出すことを目指し、「一人暮らしか、自力でやるのが難しいなら寮に行きなさい」と伝えていただく場合もあります。会話が全くない場合は、手紙を書いていただくこともよくあります。

仕事をやめて、一人暮らしの部屋に引きこもっているケースもあります。この場合、いつかまた働きだすのではと思って仕送りを続ける状態が「信じて待つ」です。そこから仕送りを止めて私たちに対応を任せ、第三者と関わらざるを得ない状況を作っていただくのが、「信じて背中を押す」です。

支援を始めてからも、親が相談を受けるのではなく「レンタルお姉さんに相談しなさい」と突き放してもらう、「寮を卒業しても家には戻らないように」と伝えていただくことで就労へ強く押してもらう、といったパターンもあります。

状況やタイミングに合わせて、外の世界に出るように、外の世界につながるように、とにかく立ち止まらないようにと、背中を押していただきます。具体的にどう押すのかは、その時々に状況を見て判断しお伝えしています。

1回や2回背中を押しただけでうまくいくケースは、あまりありません。何度も背中を押す、押し続けていただく必要があります。そうやって親に外に向かって背中を押され、外から私たちもサポートし、家の中と外の動きが噛み合うことで、家を出る、自立するといった結果につながるのです。

８０５０問題を前にしても「引きこもりでいい」と言えるのか

「信じて待つ」「信じて背中を押す」には、あえてどちらにも「信じる」という言葉を入れています。同じ「信じて」ですが、何を信じているのかが違います。

「信じて待つ」の信じるは、自分から動き出す、話をしてくれることを信じています。だからその時が来るのを待ち続けます。

「信じて背中を押す」の信じるは、そういう環境に行けばこの子はやれると信じることです。きっとやれる、だから強く背中を押し続ける、ということです。

こちらが「外につながるよう話をしてください、背中を押してください」とアクションを取るようお願いすると、「それは息子を信じていないことになる」と親が言う場合が時々あります。信じているなら何も手を出すべきではない、それが信じているということだ、という考えです。

ですが長期化しているケースでは、口ではそう言うものの、本音では「やってみてもうまくいかないのでは。家を出せないかも知れないし、うちの子は自立なんか無理だろう」と思っている印象を受けます。最初は「いつか動き出す」と信じていたのに、時間と共にその信頼が崩れたのかも知れません。

本当に心底「いつか自分から動き出す」と信じているなら、引きこもりが10年20年になっても、慌てることも心配することもないように思います。相談に来ている時点で、その信頼は限定的だったのではないでしょうか。

最近は「引きこもっていてもいいじゃないか」という発信を時々目にします。そういう指導を受け、親が子どもに「引きこもっていてもいいんだよ」と言ったとして、８０５０問題が目前になっても同じスタンスが取れるのだろうか、急に言葉を覆したりはしないのかと心配になります。

「引きこもっていてもいい」と言われていた本人が、「やはりそれではだめだった」と取り返しのつかない年齢になってから言われたら、どんな気持ちになるでしょうか。実は信じてもらっていなかったと失望するのではないでしょうか。

実際に相談を受けていて、「信じて待つ」をやめるのを躊躇する親に比べると、「違う環境ならできると信じて、背中を押してください」という言葉に力強く頷いて実行してくれる親の方が、子どもの本来の力を信じているように見えます。

親は手を出さず信じて待っている方が、本人を信じているように見えるかもしれません。ですが実際はそんな単純なものではありません。どちらも子どもを信じて始まった行為だと思います。

ただ待つことは、信じていても、実は心底では信じていなくても、やり続けられる行為です。それに対し、背中を押す方は、本当に子どもを信じていないとできない行為なのかも知れません。

子どもを信じるとは何なのか、あなたは心から子どもを信じられているのか。この問いかけで、この章を終わりにしたいと思います。

事例④

大学生だった剛志くん（仮名）は、授業が忙しく就職活動に出遅れ、就職できないまま卒業となりました。そこから3年間引きこもり生活を送り、最初の相談時は25歳でした。

普段はゲーム生活で、たまにコンビニにも出かけます。学生時代にバイトもしなかったため、働いた経験はゼロです。

親はある家族会に参加していました。そこでアドバイスされたとおり、小遣いを渡し、本人を受容することを心がけていました。仕事の話などは一切せず、引きこもりの今を否定しないようにもしていました。

ですが引きこもりから抜け出すどころか、コンビニに行く頻度もだんだん減ってきていました。コンビニくらいしかお金を使わないため、渡した小遣いがそのまま放置されていることも珍しくありませんでした。

引きこもりが悪化している、今のやり方ではだめなのではと思った親は、ニュースタートへ相談。大きな理由はなく、ズルズル引きこもっているという印象なので、レンタルお姉さんが訪問して動かしていくことにしました。

最初の1ヶ月は手紙、2ヶ月目は電話。3ヶ月目からは訪問し、最初は部屋のドアの前から、途中からは部屋の中に入って話しかけます。剛志くんはベッドに寝たまま、無反応です。

7ヶ月目に変化がありました。予告していた日時にレンタルお姉さんが訪問すると、剛志くんはベッドをドアの前に動かして、ドアが開かないようにしていました。鍵のないドアだったため、考えたのでしょう。その後も訪問日にドアをふさぐ行為が続きました。

８ヶ月目には、親から「ニュースタートの寮に行くか、一人暮らしをしてバイトをするか、選んでください」という手紙を渡してもらいます。毎月のお小遣いもストップです。

すると親が用意した食事には、手を付けないようになりました。剛志くんなりの抵抗です。コンビニに食事を買いに行くため、以前より外出の頻度は上がっているようでした。

その間もレンタルお姉さんは、ベッドでふさがれたドアの前から、淡々と話しかけ続けます。時には寮生も連れて行き、寮の様子なども話してもらいます。

寮か一人暮らしかの返事がなかったので、９ヶ月目はいよいよ入寮です。約束の入寮日の前に、剛志くんの親は、何と部屋のドアそのものを外してしまいました。こちらの指示ではなく、親の判断です。剛志くんも驚いたことでしょう。

入寮日当日、剛志くんはおとなしく車に乗り、入寮しました。寮ではスタッフや周囲とも話をし、寮生活の説明をきちんと聞いていました。ですが入寮から３日目、剛志くんは電車を乗り継いで自宅へ帰ってしまいました。

その夜に親子で話し合い、バイトをすること、1ヶ月でアパートを探して家を出ること、ニュースタートには自分で説明することを約束したそうです。

翌日に事務所へ「勝手に帰ってすみません」と本人から電話があり、後日事務所に来てもらい、レンタルお姉さんが直接話をしました。「ただバイトするだけでなく、周囲とつながることを大切に」と伝え、しばらく訪問は続けることも確認しました。

剛志くんは翌月には、週2日のバイトを始めていました。就職支援のプログラムにも参加を決めました。訪問すると普通に家に入れてくれ、同行した寮生のバイト経験の話を興味深そうに聞き、アニメの話には楽しそうに混ざっていました。

更に翌月には週5日のインターンに行くことになり、安定して動き続けていたため、支援終了としました。

剛志くんを最後に動かしたのは、ドアを外すという親の本気の行動でした。「信じて待つ」から「信じて背中を押す」に切り換えた、その親の変化と結果が、よく分かる事例です。

そしていざ動き出すと、すんなりバイトやその先にも動くことができました。待っていた年数が3年でぎりぎり固定化はしていなかったため、親は背中を押す行動を取れ、本人もその後の動きがスムーズでした。

レンタルお姉さんには、進路で親の意見を聞いたが就活でうまくいかなかった、だから親と話しても無駄と思っていたと話してくれました。「今まで親の言いなりになってきた。今回は自分でやってみたい」という力強い言葉の通りに、その後も進んでいっていることでしょう。

事例⑤

大悟くん（仮名）は大学卒業後、首都圏で一人暮らしをしながら、派遣で6年間働いていました。ところが退職してしまい、とりあえず地方に住む親が毎月の仕送りを始めます。

一時的な援助と親は思っていたのですが、大悟くんはなかなか次の仕事に就きません。そのうちに親がアパートを訪問しても会ってくれないようになります。

子どもの様子が分からないまま、それでも「お金がないと就活もできないだろう」「仕送りをしないと食べられないのでは」と思い、仕送りを続けます。心配で親もそうするしかなかったのでしょう。

そんな仕送り生活が何と10年続き、大悟くんが38歳になった時に、親がニュースタートの講演会に参加しました。その後千葉の事務所に相談に来られ、「期限をつけて仕送りをやめましょう、親は離れて私たち第三者に任せてください」とお伝えしました。

親は「3ヶ月で仕送りをやめます、これからのことはニュースタートの人に相談しなさい」と手紙を書きます。同時にレンタルお兄さんが自己紹介の最初の手紙を出し、その後電話をしますが、大悟くんは電話に出てくれません。1回訪問もしましたが、無反応でした。

そこで「仕送りは振り込むのをやめるので、今後はニュースタートの人から受け取ってください」という手紙を、親に更に書いてもらいます。生活費を持ってレンタルお兄さんが訪問すると、大悟くんはドアを開けてくれました。

そのまま部屋に入れてもらい、初回から色々と話をしてくれました。実は誰かと話をしたかったのでしょう。最後の派遣先の雰囲気が高圧的で退職したこと、それがトラウマになって仕事探しに消極的になったそうです。

その後は週1回の電話や訪問を継続しながら、雑談をし、仕事探しの様子を聞いていきます。なかなか応募に動かないので、「親からの仕送りは終わるから、これで仕事が決まっていなければ寮に行くよ」という話もすると、実際に応募をするようになりました。

そして電話で、「この間の派遣の仕事が決まり、一昨日から行っています」という言葉を聞くことができました。支援を始めてからわずか3ヶ月半、大悟くんに初めて会った日からは3ヶ月未満でした。

その後も数ヶ月は訪問を続け、雑談をしながら仕事の様子も聞き、生活が安定しているのを見届けて、支援を終了しました。

レンタルお兄さんから見た大悟くんは、「真面目だけど不器用で、自分を出して来られなかったんだろうな」という、引きこもりによくいるタイプだったそうです。

自立に至るまでは、ブランクが短いすぐに働けそうな人で半年、普通は1年をめどに支援を考えます。3ヶ月というのは私たちにとってもかなり短く、印象的な事例でした。それが引きこもり期間10年の人なのですからなおさらです。

母親はお礼の言葉と共に、「あの10年は何だったんだろうと、今になって思います」と言っていました。

相談でよく聞く「支援者にこう言われました」という言葉に、「引きこもり期間と同じだけ、支援には時間がかかる」があります。だからすぐに状況が好転しなくても、諦めずに頑張りましょうということです。

ですが、この言葉に私たちは賛同しかねます。引きこもり10年でも20年でも、2年も寮生活を送れば7割の人が自立できます。訪問もおよそ1年で8割の人を自立や家にいながらの就労、または寮に動かしています。

引きこもり10年の人が、たった3ヶ月で自立することもあるのです。これをお読みになった支援者の方には、大悟くんを「単なる特殊なケース」で片づけず、「そういう未来を自分が邪魔をしていないか?」と自分自身に問いかけながら、今後も支援を続けていただければと思います。

事例⑥

歩くん(仮名)は大学卒業後そのまま引きこもりになり、2年が経過していました。働いた経験はなく、親が勧めてもバイトに応募すらしませんでした。親が理由やどうしたいのと聞いても、全く返答がありません。性格は繊細で、ストレスで腹痛を起こすことがよくありました。

レンタルお姉さんによる支援が始まります。歩くんは電話を代わってもらっても、訪問しても、全くの無反応。５ヶ月もすると、予告していた訪問日に歩くんはどこかへ出かけてしまうようになります。

訪問しても全く会えないことが３ヶ月続き、親に「期限をつけてバイト・半年だけ親がお金の面倒を見る一人暮らし・入寮から選ぶように、困ったことがあればレンタルお姉さんに相談するように、話をしてください」とお願いをしました。

すると親は、「息子は繊細なので、そこまで言っていいのか不安です」と悩みます。結局「もう少し休めば気持ちも変わるかも知れません。しばらくそっとして、待ってみようと思います。もう訪問は結構です」という連絡がありました。

親からの何かしらのアクションがなければ、こちらも会えない流れを変えるきっかけが摑めないので、親の希望を受けて支援は終了しました。支援期間は８ヶ月、こちらは歩くんの姿はちらりと見た程度で、声を聞くことは一度もありませんでした。

それから10年後、歩くんが35歳の時に、親から連絡がありました。また訪問をしてほしいとのことでした。

歩くんの状況を聞くと、この10年間、バイトの面接を受けるなどの具体的な動きは全くなかったそうです。後半の約5年は、家から一歩も出ず。最近は幻聴があるようで、「家の前を通った人が自分の悪口を言っている」と、いきなり自室の窓から通行人を怒鳴ることもあるそうです。

10年の間に歩くんの状況は大きく悪化していました。自立など今はとても考えられない、私たちでは手が出せない、医療に委ねるしかない状況になっていました。統合失調症などを発症している可能性があるため、まず病院に連れて行くことをお勧めし、訪問支援はお断りしました。

10年前、親は歩くんの背中を押すことはせず、少しずつ元気になるだろうと「信じて待つ」ことを選択しました。

強く言うことにリスクを感じ、安全策を取ったのでしょう。その気持ちは分かりますし、確かに背中を押すことにはリスクが伴います。思いもしなかった強い拒否反応が出て、すぐに支援方針を変えることも時にはあります。

ですが「信じて待つ」もリスクを伴う選択肢であることが、この事例からよく分かります。

支援開始後に「信じて待つ」に戻る親というのは、実はそんなに多くありません。信じて待つ親は基本的に、相談はしたけれども支援は依頼しないか、相談そのものをしないでしょう。そして恐らくこういった方々が、引きこもりの親の多くの割合を占めるはずです。この方々が5年後10年後に後悔しないか心配です。

絶対に安全な、リスクのない選択肢というものは、残念ながら存在しません。そのことをご理解いただいた上で、今どんな行動を取るか、子どもの何を信じるかを考えていただければと思います。

第4章　「まず親子の対話から」という誤解

支援の主流は「まず対話を」

引きこもり当事者が自ら相談に行くことは、めったにありません。他者との関係を閉ざしているわけですから、わざわざ相談員という初対面の人のところへ行き、自分の気持ちを話す人は稀です。誰かに相談したいと思っている人でも、他人や外界への恐怖心から、行動に移しません。

そうすると必然的に、外部に相談する人は親になります。最近は引きこもり当事者やその親の高齢化や８０５０問題の浸透に伴ってか、当事者の兄弟姉妹からの相談もかなり増えてきましたが、それでも親が圧倒的に多いでしょう。

ここで家族が閉じていれば、親は相談にすら行こうと思いません。ただ最近は「引きこもりは相談するもの」という風潮になり、相談窓口も増えて、相談に行こうと思う割合は確実に増えています。これは喜ばしいことです。

親が相談に行くとよく言われるのが、「まず親子で話ができるように」「親子関係を良くしましょう」です。具体的にどうしたらいいのか、考え方やどう声掛けをするかといったアドバイスもしてもらえます。子どもが参加できる会や居場所を提供しているところであれば、「子どもに見せてみて」とチラシなどを渡されます。しかし、子どもが参加の意思を示さなければ、やはり「まずは親子関係を」という話になります。そこからは親が定期的に相談に通い、親子で対話ができることを目指して、アドバイスを受けながら子どもに向き合っていくことになります。これが引きこもり相談で、かなりよくあるパターンです。

親子関係の改善を図ることは、「親に向けた」支援の入口としては妥当ではないかと思います。1日の大半を家の中で過ごし、話し相手も家族だけという人が多いですから、家族関係や家の中の雰囲気の変化は、子どもに大きな影響を与えるはずです。家族関係がいいに越したことはありません。

ですが、この支援が主流になってしまっている現状には、大きな疑問を感じています。

親の相談を受けるのは次善の策でしかない

そもそも引きこもりという状態に陥っているのは子どもです。支援とはその本人と直接関わることが基本です。病院などでは本人が来ないと診察も診断もできないし、薬も出せません。

ですが引きこもりの場合は、子どもが自ら相談に来ることは稀です。子ども本人に直接アプローチができないから、まずは相談に来た親の話を聞き、親にアドバイスをするしかないわけです。一般的に見えているかもしれない親への支援は、苦肉の次善策でしかないことは忘れない方がいいでしょう。

私たちも支援前に親から子どもの状況は聞きますが、いざ訪問して実際に本人に会うと、「聞いていた話とだいぶ違うな」と思うことが多々あります。だからこそ、継続的に親だけにアドバイスをするような支援は行っていません。寮や訪問など、必ず本人との関わりを伴うものを支援と位置付けています。ケースによって多少の違いはあるでしょうが、支援の効果が高い順に言えば、親と子ども両方を支援、子どもだけを支援、親だけを支援になります。引きこもりに限らず様々な困難や社会問題で、当事者本人への関わりがない方が効果的だったと言える事柄は、どれだけあるのでしょうか。

親だけの相談や親向けの支援そのものの否定はしませんし、必要なものですが、その位置付けや限界は知っておいてください。基本的には親への支援では完結せず、子ども本人を支援へつなぐためのものです。


厚生労働省「ひきこもり支援ガイドライン」の中身

一般的に良しとされている支援とは、どのようなものでしょうか。厚生労働省の「ひきこもりの評価・支援に関するガイドライン」の記載をご紹介します。最新版は平成19年（２００７年）のものになります。

「引きこもり支援は通常、次のような支援の諸段階を一段一段登っていく過程である」と書かれています。

1　出会いと評価の段階における家族支援
2　当事者の個人的な心の支援
3　デイ・ケアや居場所のような中間的・過渡的な同世代集団との再会

4　本格的な社会活動（就学・就労を中心に）

「基本的にこの経過の進行は各段階の順番にしたがって進行するものであり、支援者が人工的にこの過程を加速させることや途中段階をショートカットすることはお勧めできません」ともあります。当事者が成人なら原則は2から、未成年の場合や、成人であってもしぶしぶ家族とやってくる、または家族しか相談に来られない場合は1から開始します。

つまりこの4つのステップを順番通りに上がっていくことが支援であり、当事者が成人で自ら前向きに相談に来る場合に限り1を飛ばしてもよい、ということです。親支援で終わらずに第2ステップである本人支援に進むべきというのが、公的な見解と言えます。

また「家族だけの来談が長期に及びはじめた場合には、漫然とそれを続けるのではなく、なぜ当事者は登場できないのかについての評価をあらためて詳細に行うべきでしょう」ともありますから、家族の相談だけが長く続くことを問題視しています。

具体的な家族支援としては、個別面談や、親の会のようなグループ活動が挙げられています。

「家族への心理・社会的支援は、家庭内のコミュニケーション・パターンや家族関係に注目しつつ、それらを変化させることを通じて当事者の変化を促すことを期待する家族相談と、当事者に生じている事態や背景となっている精神医学的問題、適切なはたらきかけなどについて家族の理解を深めるための心理教育が組み合わされたものとなるでしょう」とあります。家族関係の変化と、その先の子どもの変化を目指して行うものが、家族支援です。

「家族関係を改善」「家族関係を良くする」といった表現ではなく、「変化」という一語に留めているところは大きなポイントです。単なる「変化」であれば、私たちが提唱する「親子が離れる」も含めることができます。

このガイドラインは病気の可能性をかなり高く見積もり、精神医療につなげようとしすぎるきらいがありますが、精神科医が中心になりまとめたものですから、ある程度は仕方ないでしょう。４ステップを順番にというのも、「そんなに型通りに進む人ばかりではない」と実体験から思います。

気になるところはいくつかありますが、「親の面談やグループ活動は、それだけを長く続けるのではなく、本人支援に上がる手前のステップ」と位置付けているのは確かですし、私たちの見解とほぼ同じです。

親子の対話のステップで止まっている人が大半

ところが具体的な支援状況となると、少し違う話が耳に入ってきます。相談に来られた方から、「あちこちに相談に行きましたが、話を聞いてくれるだけでした」「親の会や勉強会に何年か参加しましたが、息子に変化がないのでやめました」といった話を聞くことは本当に多いです。どうにもならずに私たちのところへ相談に来られた方の話なので、そこは割り引いて聞く必要はありますが、これも実情のひとつであることは確かです。

支援者と話す機会もありますが、やはり親の相談が大半を占め、子どもまでつながることはあまりないようです。親だけの相談を何年も続けているのも当たり前の光景です。つまり、家族支援のステップから本人支援のステップに進めていない、親の相談だけで長い年月が経っているケースが本当に多いのです。3年くらいは普通で、親の相談を10年していたが結局子どもは相談に動かなかった、という話もありました。

先ほどの章で「信じて待つは3年」「支援の見極めは2年」「支援者側もどこかで信じて待つをやめるべき」といったお話をしました。2年3年はどうなのかと思われた方でも、本人に何も変化がないまま親の話を聞くだけの10年は、さすがに長すぎると思われるのではないでしょうか。

特に公的な相談窓口は、独自の理念を持つ民間支援とは違いますので、厚生労働省のガイドラインの遵守が求められるはずです。家族だけの相談が長期になったら漫然と続けずに、という記述もありました。ですがいつか動きがあるのではと、漫然とただ相談を続けているケースが相当数ありそうです。

ガイドラインには「それでも当事者が現れず、家族も手の打ちようがないという気持ちになっていくような展開となれば、アウトリーチ（訪問支援）型の当事者との接触も考慮すべきタイミングでしょう」という記述もあります。ですが、公的支援で訪問がうまくいっているという話はあまり聞きません。

訪問支援をやっていない、親の勉強会がない、子どもが行ってもいいかなと思えるような場がないなど、支援のツールが不足している場合もあるでしょう。親の相談や訪問から本人支援に進めた成功体験が少なく、パターンが作れない可能性もあります。

自分のところの支援では新しい手立てがない、本人が来なければ病院にも就労支援にもつなげないという中で、「断らない支援」を続けようとすれば、現状のまま親の相談を継続するしかないでしょう。

結果、家族支援のステップ、親子の対話を目指すところで止まったまま、本人支援に進めないケースが多くなっているように思います。

世代による価値観の違い

そもそも家族支援から先に進めない理由は、支援目標を「家族関係を良く」「親子で対話ができるように」としているところにあると思います。私たちにとっては、子どもを自立させるよりも、無くなっていた親子の対話を復活させる方がよほど難題です。

親子の対話がなぜ難しいのか、その理由をいくつか述べていきます。まず1つ目は、世代による価値観の違いです。

特に仕事に関する価値観は変化が激しく、親世代と子ども世代では全く違っています。加えて、これまで見てきた引きこもり経験者の大半は、本当に物欲がありません。今はスマホやパソコン、そしてネット環境さえあれば、お金をかけなくても十分楽しめます。

親が「安定してほしい」と正社員や資格取得の話をすることもありますが、本当に何が安定した仕事なのか、全く先が読めない時代でもあります。終身雇用が基本だった親世代とは、立っている足場そのものが違います。

親の言葉を聞いていたとしても、親の価値観を受け入れているからではなく、親に認められたい・喜んでほしいという思いからや、親を納得させられるような自分の考えがないため口にしないだけかも知れません。

また引きこもり経験者を見ていて、自分のために頑張るのが苦手な人たちだと感じます。親世代は自分のために頑張ってきたため、子どもにも「あなたのためだから」「お前自身のことなんだから」と言って頑張らせようとします。ところがこの言葉が、子ども世代には響きません。「自分のため」では、彼らは踏ん張れないのです。

彼らが頑張るのは、自分のためより、人のためです。誰かに感謝されることが、頑張る力になります。仕事が続いた理由に、仕事内容や給与面などではなく、「ありがとうと言ってもらえることが多い」を挙げた卒業生もいました。ただし彼も家に引きこもっている間はそんな自分には気付かず、寮に入って様々な人に出会い、実際に働き始めて失敗もしていく中で、そういう結論を得たのです。

親と子には世代による価値観の違いが存在し、しかも子どもの側は引きこもって社会経験も少ないため、その違いを言語化できるほど自分の価値観を確立していません。すると親子で向かい合っても、最終的には親が一方的に自分の価値観を押し付ける話になりがちです。これでは「親子の対話」にはなりません。

親だからこそ言えないことがある

あなたは友人には言えても親には言えないことはありませんでしたか？　親だから言えることもあれば、親だからこそ言えないこともあるものです。

例えば引きこもりの人たちの多くは、「親の期待を裏切りたくない」と思っています。「働いてほしいのは分かるけど、本当は働く自信がない」「何をしたいか聞かせてと言われても、自分でもやりたいことが思いつかない」など、親の期待を裏切るようなことは口にできません。

いじめられていた、仕事で失敗を繰り返したなど、引きこもりのきっかけとなった重要なことを言っていない場合もあります。「その当時気付いてあげられなかった」と、親が苦しむのが分かっているからです。

また親は今の子どもの姿に、幼いころから見てきた我が子の姿が重なっています。「こういう子だった」「今もこう考えているに違いない」という、これまでの成長を知っているからこそのイメージがどうしてもあります。このいわば親の思い違いを、否定するような言動をできない子どももいます。

子どもは以上の気持ちなどから、親に本心を言うくらいなら黙ってしまいます。「気持ちを聞かせて」と優しく言われれば言われるほど、黙って自分の部屋に逃げるしかなくなります。

ですが、いざ寮に来て同じような経験をした人たちの中に入ると、少しずつ本音の話ができるようになります。スタッフに話してくれる人もいます。自分のことは話さない人でも、他の寮生の経験談を聞き、「自分だけではないんだ」と思っているでしょう。

ここでもう１つポイントになるのが、こうやって寮生同士で自分の話ができるようになり、きちんと働き始めて自立をした人でも、その後も親に当時の気持ちを話していない人がほとんどだ、ということです。たまに卒業生に引きこもっていた当時の話をしてもらう機会がありますが、「そのことは親には言ったの？」と聞いても、「今も言っていません」という回答ばかりなのです。

途中で話せる相手に出会ったからというのもあるでしょうが、できるなら最後まで親には言いたくないのだろうと感じます。自立して引きこもりが過去のものになった今でもそうなのですから、引きこもりながら気持ちを親に言うことはなかったのではと思います。

また、もし言えたとしても、親には知られたくなかった話をするのは、かなり苦しいはずです。子どもにそんな思いをさせてまで親が対話相手になる必要があるのか、それが本当に子どものためになるのか疑問です。

一度失った信頼はなかなか取り戻せない

引きこもりの親子の会話は、「子どもが全く話をしてくれません」「雑談はするんですが、肝心な話になると黙ってしまいます」のどちらかに当てはまるケースが大半です。

この両方に共通する子ども側の気持ちには、「どうせ言っても聞いてくれない」があります。その中身は、幼いころから蓄積された関係性による場合と、引きこもり初期の最初の1~2年の頃に話を聞いてもらえなかった場合に大きく分かれます。

特にこの引きこもり初期は、親も我が子が引きこもる現実を受け止めきれず、焦って

「どうして引きこもるの⁉」「働かないと！」などとついつい言ってしまいがちです。必死に動かそうとします。

そんな時に実は本音や気持ちを話していた、という人がいます。ところが引きこもりという罪悪感もありますから、ボソッと言っただけだったりします。たいていが「もう少し休みたい」などネガティブな言葉のため、親に否定されて終わります。そうやって小さな自己主張を数回しただけで、子どもは「親に言っても仕方ない」と諦めてしまいます。

親側に当時こう話したそうですよとこちらが伝えても、ほとんどの親は覚えていません。それだけ親も必死だったのでしょうし、「引きこもりから早く脱出してほしい」という気持ちが強く、ネガティブな言葉は聞きたくなかったという心理もあるでしょう。

こうして最初の対話ができるタイミングを逃すと、子どもは見事に心を閉ざしてしまいます。そのまま3年も引きこもりが続くと、親に本音を言わない状態が固定化してしまうのです。

そうやって引きこもりが長引くうちに、親も「強く言ってもダメだった、もう少し子どもの気持ちを尊重した方がいいのでは」と思い、子どもに歩み寄ろうとします。本音や気持ちを聞こうとし、ネガティブな言葉であっても受け止める準備もできています。ところがその頃には、子どもの側は親を本音が出せる相手とはもう思えない状態で固まっています。親が頑張って態度を変えたとしても、その固定化を溶かすことはかなり難しいのが実情です。

このようにタイミングがすれ違い、結果として、自立し普通の親子の会話がある今も親を本音が話せる相手とは思っていない、と断言する人たちがたくさんいます。ところが彼らは、寮生同士や信頼できるスタッフには、慣れるとかなり本音の話をしてくれます。気持ちを話せる相手がいることは大切です。ですが、その相手が親であることにこだわりすぎると、引きこもりが長期化してしまうかも知れません。

心配そうな親の目線に縛られる

できれば対話をしたいと思っているが、なるべく話しかけず、そっとしておいている。対話を試みていないから、うちは大丈夫。そう思っている親も、ついつい話しかけてしまう親と変わらない関係になっていることがよくあります。「目は口ほどに物を言う」からです。

引きこもりには感受性が強い人が多く、他者との関わりが少ないのもあり、親の動向をかなり意識しています。親が思っている以上に、親の心の内を感じ取っています。

例えば口では「ゆっくり引きこもって休んでいいのよ」と言っても、心の中で「できれば早く社会に出てほしい」と思っていれば、子どもには伝わっています。更には本心に加え、「自分に気を遣って思ってもいないことを言ってくれている」ということまで伝わり、余計に申し訳なさを感じて自己嫌悪に陥ることになります。なら本心を言えばいいのかというと問題はそう簡単ではありませんが、「どうせ伝わる」という意識は持っておく方がいいでしょう。

親が何も言わなくても同じで、子どもがちょっと動く気配を見せれば嬉しくなる、逆に大丈夫なのか心配になる、そんな親の心の動きを子どもは親の目線だけで感じ取っています。そうやって親が自分の行動で一喜一憂すると、子どもは動きを鈍らせます。

例えば親がわざと置いておいた求人誌を子どもが見ていると、親は心の中で喜びます。ところが子どもは、実際に応募してもうまくいく自信がないため、「結局親を悲しませる、ぬか喜びさせてしまった」と思います。すると次からはそんな期待を最初から持たせないよう、求人誌を手に取らないようにします。

子どもが動き出そうとすると、親が心配そうな顔をして、結果動くのをやめてしまったケースもよくあります。バイトの面接を受けようとすると「面接でうまく話せるのか」「ちゃんと準備をしたのか」と心配する。働こうとすると「いい職場なのか」「怒られて落ち込みはしないか」「仕事が続くのか」と心配する。一人暮らしをしようとすると「ごみ屋敷になりはしないか」「栄養を考えて食事をとれるのか」と、ついつい心配してしまうのです。

実際に「大丈夫なの?」と言ってしまう場合も、何かを言うのを我慢している場合もあります。どちらにしても、子どもは親の心配そうな目線を感じ、だんだん不安になり、「やっぱりやめよう」という気持ちになって、これまで通り引きこもりの生活が続くことになります。

親が実際に言葉を発しているかどうかはあまり関係ありません。親は対話がないと思っても、子どもはすでに目線などで親の本心を汲み取り、その上で言葉では答えていない可能性があります。

ですから親が急に話しかける、ちょっと話し方を変えるなど、表面的な変化を試みても、子どもは親の本心は変わっていないことを見抜きます。これでは、会話に応じたくない子どもの気持ちは、なかなか変えられないでしょう。

実はコミュニケーション能力がないのは親の方

一般的には、引きこもりの人はコミュニケーション能力が低いと思われています。親も多くが、社会生活を送る自分の方が子どもよりもコミュニケーション能力は長けていると思っているでしょう。ところが親子間に限定すれば、親のコミュニケーション能力の方が低いと言わざるを得ないケースが、多々あります。

まず前項でお伝えしたように、親の気持ちは、子ども側はかなり察しています。ところが親は、自分の希望などが目隠しになってしまうのか、子どもの言葉をあまり聞けていません。

例えば大学不登校のケースです。子どもは「もうこの大学に戻るのは無理」と思っています。入学したものの勉強に興味が持てない、推薦で入学したら大学のレベルについて行けない、留年して下の学年に混ざるのはつらい、今更サークルにも顔を出せず人間関係がゼロ、友人は進級や卒業をしてしまい差を感じるなど、色んな理由があり得るでしょう。

親は、心の中では「せっかく入学したのだから、授業に出て、できれば卒業してほしい」と望んでいます。ですがそれを言うと押しつけになる、プレッシャーになると思い、口には出さないように気を付けています。その上で「大学はどうするの？」と、やんわり子どもに聞きます。

「大学はどうするの？」と聞かれた子どもは、親が口にはしない「大学に戻って」という思いを、感じ取っています。「退学したい」と言うと親を悲しませると思い、「行くよ」と答えてしまいます。ですが子どもは行きたくない気持ちがありますから、不登校が続きます。

親は「行くよ」と子どもが答えたことで、「大学に戻りたい気持ちはあるんだ」と勘違いします。それでも行かない子どもを見て、「気持ちはあるのに体は動かないのね」と思います。心身が回復するまでゆっくり待とうと判断し、そのまま何年も経過してしまいます。

これは実際にあったケースです。この時はこちらが訪問して親子のコミュニケーションのズレに気付き、こちらが間に入って通訳するような形で親子の話し合いをして、すぐに大学を退学、本人はバイトを始めてさっさと自立しました。

子どももうまく本音を伝えられていませんが、明らかに子どもの方がより深く相手の気持ちを察しています。それに対して親は、相手の言葉をそのまま受け取っているだけです。親の方が子どもの本音をもう少し汲み取れていれば、無駄に引きこもりの年数を重ねる必要もなかったでしょう。このように、親の側が子どもの言葉や態度から、その奥にある気持ちをきちんと読み取れていないケースは多くあります。

その他にも、時代が違うのに自分の価値観を信じて疑わずに話をしようとする、親が望む答えを言うまで同じ質問をする、子どもの遠回しな言葉に全く気付いていないなど、様々なパターンがあります。

親は自分の意見を言うことには長けていますが、子どもの小さな声や、特に「沈黙」を聞き取る能力は不足していると感じます。対話ができない原因は、親の側にあることの方が、どちらかと言えば多いくらいかも知れません。

嫌われたくなくて本音が言えない親

今は親子の会話ができる、一緒に外食くらいは行けるという場合に、「下手なことを言って、今の関係を壊したくない」という気持ちが働くことがよくあります。親はついつい子どもの顔色を見てしまい、子どもに嫌われそうな言動がとれません。

全く話をしてくれなくなるのでは……という親の気持ちは分かります。ですが、そうやって親が心の奥で思っていることを言わないで、本当の対話は生まれるのでしょうか。いつかはと先送りしながら3年がたち、親が耳に心地よい言葉だけを口にする状況で固定化してしまい、更に5年10年が過ぎたようなケースを私たちはたくさん見てきました。

実際に子どもを動かすには、時には嫌がられるようなこともしなければなりません。例えば訪問する中で、過保護だと感じた部分を具体的に親にお話しし、止めるようお願いすることがあります。特に小遣いを止めていただくケースは多いです。

その場合は事前に「もう小遣いは渡さないよ」と子どもに伝えていただく必要がありますが、それが言えない親が時々います。何とか置き手紙をしてもらっても、本人から請求されるとお金を渡してしまったりします。

心の中にある「ずっと引きこもりのままでいいはずがない」「どこかでちゃんと働いてほしい、社会に出てほしい」という親の気持ちは、子どもが自ら支援に動くには大切なのですが、その言葉を言えないことも珍しくありません。すると、子どもは家庭が逃げ場になってしまい、こちらが訪問していろいろ誘いかけても動こうとしません。いつまでも平行線のまま、時間が過ぎていってしまいます。

子どもも本当はこのままではいけないと分かっている、でも動けない中で、外に踏み出す力になるのは親の「本気」です。親が本音を出さない、逃げ腰のままでは、対話になりませんし、子どもを動かすこともできません。

子どもと雑談ができる今の関係を手放したくないのは分かります。ですが本当の対話は、そのゆるやかな延長線上にではなく、また別のところにあります。そこに向かう壁を越えるために、時には嫌われるようなことを言わなくてはなりません。

いざという時に「子どもの将来のために、今自分が嫌われても構わない」と思えるかどうかが大きな境目になります。この決心ができない親の場合は、雑談はできても本心の対話はできないまま、時間だけが過ぎていきます。

「本人の意思尊重」の落とし穴

なぜ親が子どもとの対話を望むのか。そこには「子どもの意思が聞きたい」という気持ちが多分にあるはずです。本人の意思を聞き、意思を尊重して前に進み、引きこもり解決につなげたいのです。

ただこの考えには、「対話で引き出した子ども本人の意思は信頼できるものである」という前提があります。ところが、現実はそうとは限らないというのが私たちの実感です。

まず引きこもっていると、どうしても社会経験や知識が乏しくなります。たとえば「人が苦手だから」と事務を希望する人に、「事務は電話に出ることも多く、来客対応もありますよ」と伝えるだけで、うろたえてしまうことも珍しくありません。「とにかく大卒にさえなれば」「この資格さえ取れば」と、盲目的に考えていることもしばしばあります。自己理解をきちんとできていない人も多く、「引きこもりを抜け出すには、これが必要なんだ」という言葉は素人のそれで、かなり信頼性に欠けます。

更に引きこもり3年を過ぎると、「固定化」があります。変化よりも現状維持を無意識に選択するようになり、口から出る意思も「そっとしておいて」といったものになりがちです。つまり対話を重ねてやっと引き出した意思は、引きこもり解決につながらないものである可能性が高いのです。

そして本当に多いのは、「意思がない人」です。小さい頃からあまり強い意思はなく周囲に合わせてきた人もいますし、わがままを言わないようにという親の躾が意思を出さないという方向に作用してしまった人や、引きこもりのきっかけや引きこもり生活の中で自信を失い意思がしぼんでしまった人もいます。

彼らは「あなたの意思は？」と聞かれても、何も浮かんで来ません。ですが目の前には「何か意思があるはず」と期待している親の顔があります。そうなると、申し訳ない気持ちになりながら黙ってしまうことになります。すると親は「対話ができていないから、意思を見せてくれないのだ」と思い、対話ができる関係作りに更に時間を費やします。

また時々あるのは、親の期待する目に耐えられず、本心ではない意思を口にするケースです。例えば働く道筋を示してほしい親の圧を感じ、「こういう仕事ならやってみたい、できるかも」と適当に答えてしまいます。すると親は喜んで探した求人情報を渡すのですが、子どもは動こうとせず、親は首をかしげることになります。

何より本人の意思とは、様々な経験をする中で育ち、変化していくものです。引きこもりの時は「このまま静かに家にいる方がいい」と言っていたのに、支援の中で自分は働けるかもと思うと、全く違う意思が出て来ることは珍しくありません。

このように引きこもる子どもの意思は、かなりあやふやなものです。そんな意思を聞くために、親子の対話を目指して長い年月を費やすよりも、まずは外の世界に押し出して経験を重ねてもらうことの方がよほど重要ではないでしょうか。

子どもの奴隷になったら対話は不可能

親子の対話を求める親の気持ちは分かりますし、対話ができるならそれに越したことはありません。ですが、かなり難しい道でゴールにたどり着けないかも知れませんよ、うまくいかなければそれ以外の道もありますよ、というのがこの章の趣旨です。

ただし暴力がある場合は別です。対話を目指す、子どもの心に近付こうとすることは一切やめて、すぐに親子が物理的に距離を取るべきです。

思春期に数年だけ暴力がありました、今は一切ありませんという程度なら、単なる反抗期と片付けることもできます。今も継続的な暴力がある、または記憶に新しい暴力がありビクビクしながら過ごしているという場合は、親は子どもの奴隷と化しています。

王である子どもは、奴隷と対等に話をするつもりはありません。気に入らない言動があれば暴力をふるうか、暴力をちらつかせて黙らせます。対等でない関係には、対話は存在しません。

10月新刊　3点刊行!

男と女
恋愛の落とし前

唯川　恵

◉924円 611017-7

不倫はすることより、バレてからが本番——36歳から74歳まで12人の女性のリアルな証言を恋愛小説の名手が冷徹に一刀両断。珠玉の名言にあふれた「修羅場の恋愛学」。

名医・専門家に聞くすごい健康法

週刊新潮編

◉858円 611016-0

健康本を何冊も買う必要なし！　解決策を一挙掲載！　健康寿命をおびやかす病気や不調について、13人の名医と専門家が最新の知見を活かした健康新常識と実践法を伝授する。

引きこもりの7割は自立できる

二神能基
久世芽亜里

◉858円 611015-3

「信じて待つ」「まずは親子の対話から」では何も変わらない。「一歩踏み込む」支援によって、自立への道に繋げよ！　引きこもり支援団体創設者による最終回答。

過剰反応な人たち「不道徳ロック講座」

ハンセン

久山葉子［訳］

●1078円 610882-2

るべき真実。教育大国スウェーデンを震撼させ、社会現象となったベストセラー、日本上陸。

好評既刊

小林泰明

●924円 611012-2

最強企業と国家権力との知られざる攻防をえぐり出す。

新版 メディアとテロリズム

福田 充

●924円 611013-9

"共生"どころか"共犯"関係である。話題の論考の決定版。

がんの消滅

天才医師が挑む光免疫療法

芹澤健介 医学監修 小林久隆

●924円 611006-1

密着5年、浮かび上がる医学と人間のドラマ。

ウクライナのサイバー戦争

松原実穂子

●880円 611007-8

サイバー専門家によるリアルタイム戦況分析。

言い訳するブッダ

平岡 聡

●858円 611008-5

全て「言い訳」だとわかれば、もう仏教なんて怖くない！

聞いてはいけない

スルーしていい職場言葉

山本直人

●836円 611009-2

人間関係を悪化させる職場言葉の聞き流し方教えます。

世界のDXはどこまで進んでいるか

雨宮寛二

●902円 611003-0

2030年以降を見据えた「DX変革」徹底講義！

間中健介

●836円 610999-7

会社員リスクに備えよ！40代からの〈超実践的〉戦略23！

ウクライナ戦争の軍事分析

秦 郁彦

●902円 611000-9

作戦・兵器・補給・情報……野望と誤算の全貌。

学習院女子と皇室

藤澤志穂子

●880円 611001-6

「上流階級教育」の意義に多面的に迫る刺激的論考。

フィリピンパブ嬢の経済学

中島弘象

●902円 611002-3

「大丈夫。何とかなるよ」。抱腹絶倒のドキュメント第二弾！

幸福な退職

「その日」に向けた気持ちいい仕事術

スージー鈴木

●880円 610995-9

気持ちよく働き、辞めるための仕事術！

世界史の中のヤバい女《たち》

黒澤はゆま

●858円 610996-6

歴史を変えたのは魔女か、女神か？

交通崩壊

市川嘉一

●902円 610997-3

寸断される鉄道……。総合的な交通政策を提言する。

不老脳

和田秀樹

●836円 610993-5

前頭葉を甦らせる、とっておきの処方箋。

●表示価格は消費税（10％）を含む定価です。　●ISBNの出版社コードは978-4-10です。

何より子どもも、暴力をふるった事実に苦しんでいます。自分の中のフラストレーションをぶつけやすい甘えられる人に向けているだけで、暴力によって根本の問題は解決しないことは、心のどこかで分かっています。なので暴力の届かない距離に離れてあげるのが、他でもない子どものためです。

この王と奴隷の関係性は、いったん出来上がるとなかなか崩れません。親子だけではどうにもならないので、第三者の介入が必須になります。第三者が入って関係の形を変え、フラストレーションの根本原因の解消を目指します。

「親子だから分かり合える」は幻想

親子の関係改善や親子の対話を目指す親は、「親子だから分かり合えるはず」という思いが心のどこかにあるのではないでしょうか。はっきり言ってしまいますが、これは幻想です。

様々な事件でも、歴史をさかのぼっても、親子のいさかいの話は大量にあります。私たちが支援をしていても、子どもは仲間ができて自立もできたのに、親とは互いの気持ちは分かり合えないままというケースは全く珍しくありません。

私はこんな時、エジソンの有名な言葉、「天才とは、1%のひらめきと、99%の努力である」を思い出します。努力の大切さを説く言葉であるとする一方、エジソン本人は「ひらめきがなければ努力も無駄」と伝えたかったという話もあります。どちらにしろ、ひらめきと努力の両方が必要であることは確かでしょう。

人間関係も似たようなもので、どうしても生きる世界が全く重ならない、理解ができない相手というのはいます。親が、子が、そういう相手であるかどうかは、運や偶然でしかありません。1%のひらめきに当たるこの部分がなかったなら、どんなに努力を重ねても、やはり最後まで理解はできないのではないかと思います。逆に言えば、親が子どもを理解できないのは、努力が足りないからとは限らないのです。

努力ではどうにもならないことが世の中にはあります。世間には、親子の対話を取り戻した経験談も出ています。それを見て私が思うのは、「頑張ったんですね」よりも「ラッキーでしたね」です。

子どもを理解できない、対話ができない多くの親が、「自分の努力が足りないからだ」と自分を責めています。もっともっと頑張らなければと思っています。そういう方には、「実際は単なる運の要素もあるから、理解できなくてもいいんですよ。気に病むことはないですよ」とお伝えしたいです。

何より、親子が分かり合わなくても、対話ができなくても、引きこもりから脱出して自立して卒業していった人たちを、私たちはたくさん知っています。彼らは親子の関係改善ではなく、親子が離れることで自立していきました。

親子であっても別人格ですから、どう頑張っても分かり合えないことはあります。そして分かり合えなくても、引きこもりの解決はできます。もしも引きこもる子どもを理解しようと長く努力を続け、うまくいかず苦しい気持ちになっているのなら、肩の力を抜いて、それ以外の道を考えてみてください。

むしろ家族以外との対話を目指す

前に向かって歩んでいくには、気持ちが分かり合える、対話ができる人の存在はとても大切です。引きこもっていると関わる人が家族しかいないため、特に親がその役割を担おうとし、担えるように努力をすることになります。

ですが親が最初からその役割になれない、分かり合い対話できる相手ではない場合も多々あります。すると親がどんなに子どもに向き合い、勉強し、努力をしてもうまくいきません。これは親のせいではなく、単に運が悪かっただけです。そんな時は、家族以外の人との接点を持たせる方に、努力の向きを変えてください。

そもそも自立とは、親の知らない世界を持つことでもあります。思春期や反抗期はまさにその始まりで、親には言えない、親の知らない世界を持ち、成長していきます。外に対話できる相手が見つかれば、その外の世界に向かっていきます。引きこもり脱出がスムーズに進むはずです。

子どもが自立して自分に少し自信を持てた頃に、やっと親の顔を見て話ができるようになったケースもたくさん知っています。「まず親子の対話を」と言われたら、私たちの支援の成功率は一気に半分以下になるでしょう。訪問支援にしても、「まず親が本人の了承を取り付けてから」と言われたら、大半のケースで支援そのものが始められません。親子の対話をどう考えるかは、それほど大きな支援の分岐点です。

もちろん親子の関係改善がしたい、子どもと対話がしたいと親が願う気持ちも分かりますので、まずはそちらの方向へ進んでみることに異論はありません。ただし、それで何年も止まってしまうなら、別の道を考えてください。

親子の対話にこだわり続けず、「2年やってみてダメなら支援を変える」をぜひ実践してください。そしてどうやって外につないだらいいか分からないと思われたら、「家族をひらく」ことです。

親子の対話が、引きこもり解決への一本道ではありません。道はたくさんあるのです。

事例⑦

仁くん（仮名）は寮卒業から2年後に、本人と親の両方が講演会用に話をしてくれました。親子両側から当時を振り返る言葉が聞けた、私たちにとってもレアな事例です。

中学で一時的に不登校はあったものの、高校は普通に過ごします。数学が得意で、大学は理工系に。ところが2年生からあまり行かなくなり、留年。２回目の２年生の途中で、結局「やめたい」と本人が言い、中退しました。

大学不登校の理由は、「あまり人間関係が良くなくて」とのこと。親も「人間関係じゃないかな」と分かっていたようです。

仁くんが大学不登校の頃に、母が再婚します。最初の相談には母と義父の２人で来られましたが、義父が母を引っ張って来たような感じがあるくらい、仁くんに一生懸命でした。

家には母方の祖母も同居していました。義父から見て「かなり口を出す人」という印象で、母自身にも昔から過干渉があり、母が若い頃からあまり仲は良くなかったようです。支援直前の面談には祖母も参加していますが、しっかりした人でした。

仁くんは大学中退後、8年間の引きこもり生活を送ります。仁くんはこの8年を、大きく初期・中期・後期に分けて話してくれました。

母から見た引きこもり初期の景色は、「最初はコンピューター系の資格を取って仕事をすると言っていたが、動かなかった」「1年目は動けるだろうという期待もあり、いつ仕事をするのと聞いていたが、だんだん会話がなくなった」そうです。

義父は仁くんを「やればできる子」「なぜ動かないのか分からない」と思っており、初期は強く揺さぶりをかけていたようでした。

「最初の1~2年は何とかできないかと、いつまで甘えてるんだ、などとかなりきつい言葉を発したり、意見を聞かせてくれるまでは俺は会社に行かないよ、とやったこともあった。それでも最後まで黙ったままだった。今思えばかわいそうなことをした」と話してくれました。

それだけのことを言ったのに、食事時にテレビを見ながら雑談に応えてくれることも、義父は不思議だったようです。家庭内で多少の雑談ができる関係は、入寮時まで続いていました。

仁くん自身は引きこもり初期について、「中退して1～2年くらいは頑張っていた。でも普通にバイトしようと考えて、面接を受けて、でも落ちて、また受けようとして。でも頑張ろうとすると、調子が悪くなる。わりとひどくて、めまいと吐き気で、普通に寝込んでました。思っては寝込み、思っては寝込みを繰り返して。頑張ろうとすると落ちていく」と、もがいていた様子を語ってくれています。

親のことは「寝込んでいてつらい時ほど、何も動いていないように見えるから、逆にどうするんだって言われていた気がする」と、親子の認識のズレを感じさせます。

ただ仁くんも「つらいとは親には言わなかったですね。頑張ってるって言っても結果が出てないので」と、自分の本心は伝えていないようでした。じゃあ何か要求はしなかったのかという質問には、しばらく考えて、「……要求するとか、考えたことないかもしれない」と答えてくれました。

「親にはどうするんだって言われたのが一番多かったです。答えられないですよね。自分でも分かりませんから。どうしたらいいんだろうって、ずっとそんなことばかり考えてましたかね……」

引きこもり中期は、母も義父も強く何かを言うことはなくなっていました。

母は息子との距離感が分からず、腫れ物に触るような対応になっていました。義父は初期に強い言葉をかけた経験から、「もう言うのをやめよう、彼から出て来た言葉で動きが取れれば」と思っていたそうです。

引きこもり生活は、一見穏やかでした。食事になると出て来て、雑談もできる。家事の手伝いもし、静かに引きこもっていました。

仁くんは「頑張ってもダメだったので諦めて、もう一切人と関わりたくない」という気持ちでした。外に出る気はなく、中期は「何も考えていなかった」そうです。ですが「考えるのをやめたことで、つらくはなくなったけど、あまり良くもなっていない。考えないで、先送りにしてただけですかね」と、本当に解放されてもいません。

母の「とりあえず何事もなく、生活は回っていく。そうするとすぐに何かしようという、焦りが無くなるじゃないですか。深刻だけど深刻じゃないという時間が、ただ流れていく」という言葉は、長期化していく心理をよく表しています。

義父も「我々も、もうこれでいいのかなって思えちゃうときもありました」と、錯覚を起こしそうになっていたようです。

このまま静かに引きこもりが続き、10年20年と経つケースも多くある中で、仁くんはそうはいきませんでした。

引きこもり後期、最後の1～2年は、「色々大変だった。不眠症になったり、拒食症になったり」と仁くん。心では何も考えないようにしていましたが、ストレスが体の方に出たのでしょう。

不眠症は、「ゲームやネットをして、眠くて舟を漕ぐような感じでも、布団に入るとパチッと目が覚める。布団に入らないでパソコンやりながら寝落ちするみたいな生活」になっていたそうです。それじゃあゲーム楽しくないよねとこちらが言うと、笑いながら「やることがないんで」と。

拒食症は、「1日1食も食べない、食べても腹5分目くらい」だったそうです。祖母の過干渉も、「しばらく食べてないんだから、消化にいいものを出すと思うんですけど、ガッツリしたもので。そうじゃないだろって」と、拒食症の悪化に影響していたようです。

母も義父も働いていたため、日中は家には仁くんと祖母だけ。祖母が気にして孫の生活を把握しようとするのを、仁くんは監視されているように感じ、これもかなりストレスだったようです。「○時に起きてきた」「○○を食べた」など、帰宅した母に報告するのも耳にしていました。

母と義父も、食事をあまり食べずに痩せてきていたことを、かなり心配していました。「今思うと、こちらがどうするのと言うのをやめて、何も言われなくなって何年か経つ中で、本当にこれからどうしたらいいいんだろうって、ドーンと落ちたのかな」と義父は想像していました。

仁くんが食べずに痩せていく様子と、29歳になりいよいよ30歳が見えてきたことで、支援を探し始めます。母は「家族だけでは解決できないと分かっていた。まっさらな第三者が話す方がいい」、義父は「とにかく環境を変えないと」と、家を出す必要性を感じていました。

最初の相談では、母は少し引き気味で、義父が時折引き戻すような感じがありました。

ですが次の支援内容を固める面談では、母の気持ちが変化をしていきます。「これは本人が腹をくくるんじゃない、私が腹をくくらないとダメなんだ」と思ったそうです。

祖母は「お金なら出すからあの子を何とかしてやれ」と言ってくれていましたし、最後は義父の「もう決めるしかないんじゃないの」という言葉で、母が決断します。

そして面談から帰宅してそのまま仁くんの部屋に行き、「今日話を聞きに行って、日程も決めて来た。○日からここに行きなさい」と言い放ったそうです。「どうするとは聞かなかった。拒否されたら自分もまた迷ってしまうし、本人も踏ん切りがつかない」というのが、当時の気持ちでした。

入寮の話をされた仁くんは「自分でもどうにもならなかったし、親もどうしたらいいか分からなかっただろうし、受け入れるしかないみたいな状況でした」と、自分で準備をしてすんなり入寮しました。

入寮日、我々の寮がある千葉県市川市の行徳に来た仁くんの様子を、義父は「ニコニコしていた」、母も「すっきりした感じはした」と表現しています。表情は明るかったようです。

そこから1年3ヶ月の寮生活を送り、仁くんはスムーズに自立、卒業していきました。

講演会のために2年ぶりに会ったときは、仁くんは同じバイトを問題なく継続中、職場ではかなり頼られているようでした。

2ヶ月に1回くらいは実家に顔を出しており、以前よりは話はできているとのこと。親の側も、「一言言うと前はうーんで止まってたのが、今は二言も三言も返ってくるようになった。自分から話をしてくれる」と、会話ができていることが嬉しそうでした。

仁くんはその理由に、「ああ、こういう考えの人なんだなっていう。外で色んな人を見ることで、親を理解するきっかけになった」と、外の世界に出たことを挙げていました。親と向かい合うのではなく、親とは一度離れて外の人を知ることで、いい距離感ができて、親子の会話が生まれていました。

入寮前の親の希望は、「本人の意思を育ててほしい」でした。

そのことを今の仁くんに伝えると、「言ってはいるんですけど、たいてい聞いてない。まず否定するように考えて、ああじゃないこうじゃないって言って、それでその後に自分の意見を言わないと言ってくるので」と苦笑いしていました。

「引きこもっていたときは、親にどうこうしてほしいっていうのはまるでなかった。完全に諦めてたので。他の人も、多分最初からそうだったわけではなくて、一応は親にしゃべったり意思表示したり、何かしらのアクションはやっているんでしょうけど、それでだめだったから諦めているんで。そうなってしまった後って、難しいですよね」とも話してくれました。

そして母も、「出せなかっただけで、もともと持っているものはあったんだと思う。私も、いつでも話聞くからって言っても、聞いちゃいないんですもんね。そういうのってやっぱり積み重ねで、じゃあ今聞くから言ってごらんじゃないんですよね」としみじみしていました。

「はたから見てると、家族だって他人なんですよね。どこも通じてないんだなっていう……」という義父の言葉に、母も「そうです」と返し、顔を見合わせて笑っていました。

更に母は、「この間家に来たときに、囲碁はコンピューターにでも勝てるって言ってて、何でもっと早く言わないの、じゃあやれば良かったじゃないと言ったら、言ったって聞かなかったじゃんって言われました。確かに当時は大卒にって思ってたし、（本人は）言ってたのに私が拾えてなかったんですよね」という笑い話をしてくれました。

仁くんが親に少しずつ心の中を出せているのを感じ、こちらも嬉しくなりました。

こうやって親子の両方から話を聞く中で特に印象的だったのは、母の変化でした。初回の相談では少しオドオドしているように見えた母が、本当に別人のように明るく、晴れやかな顔をしていました。

息子の心配から解放されたのはもちろんあるでしょう。ですがもう一つ、同居していた祖母が亡くなったことも、大きく関係しているように思いました。

母は、過干渉でしっかり者の祖母にはあまり意見できない、相談時も何となく抑圧されている感じがありました。幼い頃の仁くんの話を聞こうとした時も、ずっと自分の母の目線を心のどこかで感じながらだったのかも知れません。

つまり仁くんの引きこもり、親子で話ができなかった問題は、単なる親子間だけではなく、祖母も含めた親子3代の家族構造にも大きな原因があったのです。母自身が、その構造の真ん中で縛られていたのです。

ここまで書けば、「親子の対話で何とかしよう」という考えでは仁くんはどうにもならなかったと、想像がつくでしょう。食べられなくなっているあの状況では、この家族構造から出すしかありません。

母は色々と思い返しながら、「早く離れるべきだった……」とボソッと言っていました。

仁くんも、引きこもりを抜け出し自立できた理由を、「結果を見たら、環境が変わったのが一番大きかったです」と言っています。「家からどこかに通いなさいという提案だったら？」という質問には、「無理だと思います」と即答でした。

仁くんにとって、引きこもった8年間は苦しい時間だったようです。寮の仲間と似たようなつらい経験の話をたまにしたことや、寮生同士で遊んだのも楽しかったと、思い出を語ってくれました。親ではない寮生同士の関わりが、自立して親とも少しずつ話ができる今につながっているのでしょう。

「8年は、長かったですね、多分普通に。年数を聞いてもそう思いますし。外に出るのもいやだったけど、家にいるのもいやでしたね。心が休まるんじゃなくて、家でも心が疲れてるんで。自分の部屋も居場所じゃなくて、一番マシだったたっていうだけ。家を離れて初めてわかったけど、精神的に余裕ができた。寮で人と関わるのは、最初は大変でしたけど、ゆっくりでも関わる方がいいのかなと思います。自分1人だといくら考えても、いくらどうにかしようと思ってもなかなか難しい。自分も結局8年かけても何もできなかったので」

事例⑧

親から相談があった時、浩くん（仮名）は28歳でした。大学卒業後、派遣の仕事をしますが、1年で退職。その後5年は引きこもり生活でした。

中学以降は友達がいた様子はなく、退職は職場の人間関係が大きな要因だったようです。相談時は親子の会話はほぼなく、浩くんは部屋でゲームばかりをする生活でした。オンラインゲームをやっているようで、部屋からは興奮した声が聞こえることもありました。

人間関係がネックなので、訪問だけではなく、寮で人の中でやってみる方がいいというのが、こちらの見解でした。単に一人暮らしに出しても人とつながらないでしょうし、今の状態で働いても継続できるとは思えません。親もそのことを了承し、入寮をゴールにした訪問支援をすることにしました。

親からレンタルお姉さんが来るよと伝えてもらい、支援を開始します。何通か手紙を出した後に電話をすると出てくれて、話をすることができました。

訪問するので会って話しましょうと言うと、やんわり断られます。そういった電話を何回か繰り返した後に、何とか会うことを了承してもらいました。

支援開始から3ヶ月、レンタルお姉さんは浩くんに会うことができました。何回か訪問するうちに、1時間くらいは雑談ができるようになります。寮生も連れて行き、3人で話をすることもできました。ただ、会話が時々一方通行になる傾向はありました。

支援開始から半年になる頃、そろそろタイミングだと判断し、入寮しないかという話をします。すると浩くんは強く拒否。その後は訪問の約束をしようと電話をしても、体調が悪いなどと理由をつけて、訪問を断るようになります。

1ヶ月後に「断られたけど来ました」と訪問すると、部屋には上げてくれました。ただ「もう来なくていいです。親は入寮してほしいとは思っていない。早く働くように言われました。なのでバイトを探そうと思います」とのことでした。

後日親に確認をすると、そんな話はしていないとのこと。ですが「バイトをする」という話は本人からされたそうです。そして親の気持ちは、支援開始当初から変化していました。「本人がバイトをしようと頑張る気になっている。前向きな話をしてくれるようになったので、入寮はいったんやめる方向で」と言われました。

そして親から正式に、支援終了の連絡が来ました。「あれから親子で話し合いができるようになりました。ニュースタートの支援は受けずに、バイトしたいと本人が言いました。本人の気持ちを尊重しようと思います。ありがとうございました」と。支援期間は7ヶ月でした。

1年後に浩くんの状況を聞くと、まだバイトはしていない、けれど親子の会話は相変わらずできているようでした。履歴書などにも取り組み、親にアドバイスを求めてくるそうです。親の声は穏やかで、再度支援を依頼したいような雰囲気は全くありませんでした。

そもそも浩くんが引きこもった、仕事が続かなかった原因は、他人との関係がうまく作れないことです。親子の話し合いだけで解決できるものではなく、他人との様々な関わりが必要なケースだったと思います。

今となっては真実は分かりませんが、本人と話ができたことや、バイトをするという言葉に親が喜び、本人に促されるままに「入寮しなくてもいいよ」と言ってしまったのかもしれません。ですが「バイトをする」という言葉は、本心からではなく、入寮から逃げるために出た言葉であることは、容易に想像がつきます。

大半の親は当然ですが親子の会話を求めており、会話ができたことで一定の満足感を得ます。ですが第三者の介入によって生まれた会話は、その介入がなくなり元の環境に戻れば、じわじわと減っていくのが普通です。

支援が途中終了になる理由は、本人からの拒否が強く親が諦めた場合と、会話や意思疎通ができるようになって親が満足した場合がほとんどです。そして後日状況を聞けたケースでは、どれも大きな状況の好転は見られず、再支援を依頼された親もいました。

浩くんは親と会話するようになりましたが、働く、一人暮らしをするといった、具体的な動きはまだ何も出ていません。それでも、親が現状を良しとして支援を望まないのであれば、他人である私たちにできることは何もないのです。

第5章　引きこもり支援のゴールは自立である

自立に繫がらない支援

ここ10年ほどで、引きこもり当事者や元当事者の方も、イベントに登壇するなど、以前より人前に出て話すようになりました。SNSなどでの発信もしやすくなっています。引きこもっている最中の人、自力や周囲の協力で脱出できた人、支援を受けていたという人など、今は引きこもりに関する様々な経験談を見聞きすることができます。もちろんそれは大変いい傾向なのですが、気になっていることもあります。「自立・自活できている」というお話の少なさです。

居場所に行けて他者と話ができるようになった、家族親戚の自営業を手伝っている、お世話になった引きこもり支援場所で仕事をしている、実家で親と同居しながら週何日かのバイトを続けられている、といった内容が多いでしょうか。引きこもり状態からは脱しているため、これらは成功事例として発信・発言されていますが、自立しているとまでは言えないケースが大半なのです。

実際に相談を受けていても、少なくとも半数は自立を目指せるとその場で判断できます。なのに自立している方の言葉がなぜこんなに目立たないのか。これは予想ですが、支援によって自立した事例が、実はかなり少ないのかも知れません。

「引きこもりでもいい」では救われない

ここ数年で目にする言葉に、「引きこもりのままでいい」「生きていてくれればいい」といった内容のものがあります。引きこもり当事者からも「引きこもる権利を認めて」といった言葉があり、こういった機運が高まっていると感じます。

もちろん引きこもること自体は、必要な時もありますし、私たちも否定はしません。問題は引きこもりの抜け出しにくさや、親や子ども自身が苦しんでいることです。

少なくとも私たちが支援し引きこもりを抜け出した人に、「引きこもりは楽しかった」と笑顔で言う人はいません。多くは「引きこもりは苦しい時間だった」「無駄な時間だった」「何も考えないようにしていた」など、ネガティブな捉え方をしています。「必要な時間だった」と言う人は多少いますが、答える表情は明るくはありません。

ここでポイントになるのが、前章でお伝えした親子の対話の難しさです。逆に苦しければ苦しいほど、口にはできないかも知れません。

実際私たちに「苦しかった」「つらかった」と話してくれた人で、その思いを親に直接伝えられていた人は皆無です。むしろ当時はその苦しさからも目を背け、抜け出した今になって、「苦しい時間」とやっと認識できているようにも思います。

そうやって心の奥では「引きこもりから抜け出したい」と思っている子どもに、親が「好きなだけ引きこもっていていいのよ」と優しく語りかけたらどうなるか。親も自分を助けてはくれないのだと心底失望する可能性が高いのです。親の「引きこもりのままでいい」で、救われるどころか更に苦しくなる子どもがいることは、頭に入れておいてください。口にはできませんが、彼らは心の中では「引きこもりを抜け出したい、誰か助けてほしい」と思っています。

「引きこもりでいい」が有効なのは、親が心から「ずっと引きこもりでもいい」と思え、子どもも穏やかに「引きこもりでいたい」と考えているケースなど、かなり限定的なように思います。

安易に病院に連れて行かない

子どもの引きこもりを何とかしよう、どこかに相談しようと決心して、病院を考える親は多いでしょう。引きこもりの中には、強迫性障害や統合失調症などの精神疾患を抱えている人もいます。投薬が必要であれば、継続的な通院が求められます。発達障害が疑われる場合も、病院に行き検査をしてもらわなければ、診断がつきません。

病院が必要、医療でなければ対応できないと思われる引きこもりの人は、確かにいます。ただ私たちが相談を受けている中では、せいぜい3割程度でしょうか。過半数の人には、すぐに病院が必要とは思いません。

ところがそんな病気ではなさそうな人たちでも、過去に通院歴があることは多く、行けば大半の人が「社会不安障害」「うつ病の傾向あり」と何かしらの診断名がつきます。具体的な病名がつかなくても、本人が「眠れない」と言えば軽い睡眠薬が出るなど、とりあえずの薬を出されることはよくあります。「医者に病気じゃない、薬はいらないと言われました」と話す親は、以前に比べると増えていますが、まだわずかです。

そもそも昼夜関係なくゲームをし、散歩程度でも外に出て体を動かすことがなければ、眠くならないのは当たり前です。友人と遊びに行くこともなく、動けていない自分のことが頭をよぎれば、鬱々とした気持ちにもなるでしょう。

もちろん不安から体に何かしらの反応が出るなど症状がひどければ、薬なども検討する方がいいでしょう。でもまずは生活を変える、人と関わる、何かしら次につながりそうな行動をするなど、行動変容から試すべきです。

何より病院は「治療」をする場所で、「自立支援」をする場所ではありません。病院は、調子がまた悪くなる可能性が少しでもあれば、就活やバイトなどを勧めない印象があります。ですが就活や新しい環境で働くことは、不安なのが当然です。リスクがゼロになる時はそうそう来ません。

自立できそうな人が病院に行き、はっきりしない病名がつき、何となく薬を飲みながら何年も経過している、というケースがよくあります。もったいない時間の使い方です。

子どもに今必要なのは「治療」か「自立支援」か、病院に連れて行く前に考えてみてください。親だけで判断が難しければ、支援機関に相談するようにしましょう。

居場所から次に行かない危険性

引きこもりの人の居場所に関する事業も広がっています。特に自治体では引きこもり相談窓口の設置が進んでおり、自然な流れで次は居場所づくりをということになっています。

引きこもりに限らず、居場所の存在は大切です。自分が自分のままでいられる場所は、自分を支えてくれます。ですが「居場所の運営」は、そう簡単ではありません。

まず引きこもりの人にどこかに参加してもらう、来てもらうということが大変です。どんなに周知をしても、自ら居場所に来てくれる当事者はほんの一部です。更に男性がいる場では無理という女性や、地元では参加したくない人等、個別の事情を抱えた人たちがいます。場の形態も、リアルかオンラインかという選択肢の他に、引きこもりの人だけが集まっている場の方が居心地がいい人と、あえて引きこもりの人に限定しないお年寄りたちもいる雑多な場の方がいい人がいます。

ここまでは居場所に来てくれるか、定着してくれるかの話です。自治体の大半は、まだこの悩みの段階にいると思われます。

そしてこの先に、「いかに次のステップに送り出していくか」という問題があります。居場所に慣れ、人に慣れ、ある程度動けるようになったら、その次があります。一番わかりやすいのは就労支援ですが、その他にも色々と考えられるでしょう。居場所で自信を取り戻し、自然と次のステップに進んでくれる人も、多少はいるはずです。ですが同時に、居場所には来るけれども次に進まない、居場所に停滞する人も必ず出てきます。そういった人にどんな風に関わっていくか、何を提示していくかが重要です。大勢の引きこもりの人に来てもらえるようになっても、ここがうまく機能しなければ、居場所は人数が膨らむばかりです。

自治体の居場所事業はこれからなので、多くはまだそこまで支援内容が固まっていない、または考えていても実践し検証するまでには至っていないでしょう。つまり今現在は、居場所の次、自立まで動かしていける居場所なのかどうかは、かなりバラツキがある状態と言えます。また民間や有志が開く居場所は趣旨が様々で、引きこもりのままを認めてくれる、全く背中を押さないタイプの居場所もあります。

居場所は引きこもりから外に出る最初のいいきっかけにはなり得ますが、自立というゴールに向けた解決に繋がるかどうかは、また別なのです。

勉強を逃げ道にしてしまう

引きこもり状態から何かしようと考えたとき、「学ぶ」という選択肢があります。不登校や退学から復学や進学をする、進学や資格取得を目指して勉強する、職業訓練校に行くなどが挙げられます。

知識を得る、学歴をつける、資格を取ることで、仕事の選択肢が広がるのは確かです。ただし、「働く」というステップから逃げるために、「学ぶ」を選択している場合は少し別の話になります。

医学部など特定の大学や学部を目指してずっと浪人している、司法試験など難関資格を目指してずっと勉強している、そうやって結局バイト経験もないまま30代になったという人は時々います。最初の数年は必死に勉強していたけれど、最後の方はあまり勉強していなかったというのもよくある傾向です。本人が「もう1浪させてください」と言っても「もう合格はしないだろう」と親が見切りをつけて相談に来るケースや、本人が何もしなくなって更に年数が経ってから相談に来るケースなどがあります。

長い引きこもり生活から親が「もう動きなさい」と迫ったところ、「じゃあ資格を取ってから」と勉強の方向に進み、勉強が途中で止まってしまった、資格取得までやり切ったけれどその後も働こうとはしなかった、などのケースもあります。

バイト経験すらない、または少ないまま年齢が上がっていくのは、当たり前ですが就活の際のリスクです。どれだけの学歴や資格があっても、「人間関係などが苦手なのでは」などと思われがちです。そのリスクをはね除けられる内容の勉強でなければ、トータルでマイナスになる可能性が高くなることはお分かりいただけるでしょう。

ですが就労経験が全くないか、少ない就労経験での失敗により、就労へのハードルが相当上がってしまい、「学び」に流れてしまったケースがよくあります。リスクもよく理解した上での冷静な選択とは言えない、就労からの逃げ道としての勉強です。社会経験のなさから学歴や資格を神聖視しすぎている場合もあります。

子どもが選択している「学び」が、本当に目指す方面に有効か、逃げの気持ちからではないかなどは、親や周囲が見ていく方がいいでしょう。その学びにストップをかけ、社会に押し出すことも、時には必要になります。

「普通になりたい」と言う若者たち

「引きこもりでいい」と変化を望まない人は、どうなりたいと思っているのでしょうか。よく聞くのは「普通になりたいです」「普通でいいので」など、普通を望む言葉です。

この「普通」の中身を聞くと、親世代に刷り込まれた古い「普通」である場合がよくあります。特に正社員が当然だった「一億総中流時代」の頃のイメージは根強いです。現代の平均的な暮らしとはだいぶ違うにもかかわらず、刷り込まれたイメージはなかなか消えないようです。

引きこもりの人には欲があまりなく、お金もさほど必要ないタイプが多くいます。彼らは正社員にならなくても、フルタイムで働かなくても、特に不足を感じずに生活していけます。しがらみや責任の多い正社員をあえて選ばない人も珍しくありません。イメージしているような「普通」が、実は必要でない人もいるわけです。

引きこもって社会経験が少なく、実体験に基づいた「こうなりたい」がなければ、親や社会一般の視点の「普通」しか思い浮かばないのは仕方がありません。そんな実体のない普通を求め、今の自分との落差を感じて絶望し、動き出せず引きこもりを続けている人も少なくないでしょう。

そして「引きこもりでいい」と言う人たちの中にも、同じような人が混ざっている可能性があります。彼らは自分に絶望し、「こんな自分は引きこもりのままでいるしかない」と思ってそう口にしているだけで、本心から引きこもりを望んでいるわけではありません。

実際にニュースタートの寮に来て、古い価値観を持つ親の視線から離れ、卒業していく先輩たちの選択を直に見て、活動する中で自分にもできるかもという気持ちになると、最終的には大半の人が自立の道を選びます。誰かに養われ、取り戻しかけている自分をまた明け渡す、そんな方向には進まないものです。

イメージしていた「普通」は遠くても、自立は意外と手の届くところにあります。

自立できたら自信が持てる

私たちは、「自立できる人は自立させる方がいい」という考えです。

もちろん自立なら何でもいいというわけではありません。無理をしての自立ではその先につながりませんから、当分は安定して継続できそうな自立の形を目指します。そのためには就労までに、様々な人と接する機会や様々な体験をする時間をしっかり作る必要があります。

自立をゴールとするのは、単なる経済面のメリットからだけではありません。自立は、彼らの大きな自信につながります。引きこもりの人たちの多くは、過去の失敗や経験のなさから、「自分には就労や自立は無理だ」と思っています。更に引きこもっている自分を責め、自己肯定感がかなり低い状態です。支援者は自信の回復の重要性はよく分かっており、そのために何をするかをそれぞれ考えています。

この自信の回復に、経済的自立ができたという事実は、大きく寄与します。「自分は自立できる」という自尊心を持って、その先の人生を考えていくことができます。

ここで「そんなことは分かっている、でも自立は難しい」と思う人もいることでしょう。ですが実際に私たちが支援してきた引きこもりの人たちは、多くが自立できるだけの力を持っています。その力を発揮できていなかっただけなのです。

力を発揮できない理由は、様々なものがあります。例えば親が家族をひらかず、ずっと家庭内解決を目指し、地元から出さなかったというケースです。地元ではちょっと外出するのも大変であれば、日々働きに行けるはずがありません。この場合はまず地元や親元から離し、環境を変えることが大切です。

親や親が相談した先が「信じて待ちましょう」と思っていたケースもあります。固定化したまま自ら動けない状態なのに、周囲もそっと見守っていては、力が発揮できません。外の世界に向けて、子どもの背中を押すことが必要になります。

親子の対話にこだわりすぎているケースも同様です。自立する力はあるのに、親には本音で話せない人はいます。まず親子の対話をクリアしなければ次のステップに進めないという考えによって、動きを封じられているだけです。

自立とは、地元への苦手意識や親との対話など、何もかもをクリアした先に存在するものではありません。できそうならば自立し、自立でしか得られない自信をつけて、それから他の問題に目を向けるのでもいいのではないでしょうか。

今の146万人とも言われる引きこもりの中には、親の考えや支援の方向性を変えれば自立できる人たちが相当数いるはずです。実際に私たちは1999年から寮を運営していますが、この20年以上、卒業生の自立率が7割を切ったことはないはずです。

働けと言ってはいけない

ここからは、子どもを自立に向かわせるために、親が知っておいた方がいいことをお伝えしていきます。まず1つ目は、「働けと言ってはいけない」です。

時代と共に仕事というものは常に変化していますが、ＡＩの発展やコロナ禍のリモートワーク浸透により、ここ数年の変化は著しいものがあります。また引きこもりに限らず、若い世代は物欲があまりない傾向です。

仕事に何を求めるのか、どうやって仕事をするのか、どの程度の時間を仕事に費やすのかなど、仕事への価値観は親世代が若い頃とは全く違うものになりました。仕事に打ち込み、自分たち子どもとの関わりが少なく、趣味など余暇も楽しんでいないない父親の姿に、引きこもりの人の多くは憧れを持ちません。むしろ「ああいう働き方、生き方はしたくない」とさえ思っている人もいます。

親の正社員志向が子どもを動けなくするパターンもあります。親は安定してほしいと正社員を望むのですが、正社員ならずっと安定するという時代でもありません。正社員になるのもいいのですが、長期的な安定ではなく、正社員ならではの経験を得ていると考える方がいいでしょう。親は子どもの未来を思って「働きなさい」と言うのですが、子どもには「自分と同じつまらない人生に進め」と聞こえているかも知れません。そのくらいの世代間ギャップがあります。

働けと言ってはいけないなら、何と言えばいいのでしょうか。私たちがお勧めしたいのは、「幸せになってほしい」です。

そもそも働いて自分で収入を得てほしいのも、安定してほしいのも、自立してほしいのも、全ては子どもの幸せを思っての言葉のはずです。ですが今は生き方が多様になり、何が幸せなのかも人それぞれです。いい学校に行き、いい会社に入れば幸せにつながる、という時代は終わりました。親の「こうすれば幸せだろう」という考えは親自身の経験から来るものです。親と子は別人格な上、時代も違いますから、その道が本当に子どもの幸せなのかは分かりません。

何よりも答えが1つではない時代の中で、自分なりの生き方や働き方を考え選択し、幸せを見つけることが大切です。そのためにはただ引きこもって考えていても難しいでしょうし、引きこもりからいきなり働くのもお勧めしません。その間に、人と接し経験を重ねながら、生き方働き方を考える時間が必要だと思います。

親には「働け」ではなく「幸せになってほしい」という思いを、自分なりの幸せのために動き出してほしいという気持ちを、子どもに伝えていただきたいです。

「どんな仕事がやりたいの？」と聞かない

２つ目の親がやってはいけないことは、「どんな仕事がやりたいの？」と聞くことです。

働く方向に動かそうと思うと、「好きなことは何？」「興味がある仕事は？」など、仕事に関する希望を聞いてしまいがちです。そして多くの親が、子どもが何も答えてくれないと落ち込んでいます。

彼らの多くは自分に失望し、自己肯定感がかなり低い状況です。そんな中で自分の興味を自信をもって発言する、選択するというのは難しいでしょう。そして自分は何が好きなのかも分からなくなっている場合や、好きなゲームはあっても興味の持てる仕事なんかないという場合もあります。

仕事においては好きや興味が何もないという人はかなり多く、親が「何か興味が持てるものがあるでしょう？」というキラキラした目で聞くのは厄介です。子どもは「何もない自分はおかしいんだ」と、より自己肯定感を下げることになります。

何か答えを言ってくれた場合も注意が必要です。何も興味がない罪悪感から、嘘の興味を口にしている可能性があります。親が喜んでその嘘に飛びつき、色々と情報を渡しても、本人は実際は興味がないので動きません。その結果、親はより混乱してしまいます。

また働いた経験がない、または少ない彼らが持つ仕事のイメージは、ネットやテレビなど、実体験以外から得た情報でできていることがほとんどです。その中で思う、好きな仕事や興味のある仕事は、現実とはかなり違う可能性があります。

事務を希望しても、電話応対や社内でのやり取りが多い部署だとは思っていません。仕事内容のイメージを細かく聞くと、データ入力の仕事の方が近いという具合です。興味で突き進んでも、実際に働いてみて「思っていたのと違う」と退職する可能性があります。

明確にやりたい仕事がある人には聞いてもいいのですが、そういう人はあまり多くありません。親との関係性が良ければ、ふつうの会話の中で自ら話してくれるか、少し聞けばすんなり答えてくれるでしょう。

興味が持てるものがない、偏ったイメージからの興味になっているケースが多いことを考えると、「どんな仕事がやりたいの？」とは聞かない方がいい、という結論になります。

「それでも何か子どもの気持ちを聞きたい」と思われた場合は、嫌なこと・嫌ではないことを聞くことをお勧めします。

「電車で通勤はしたくない」「同年代が多い職場は学校のようで嫌」「夜勤は人に会わなくて済むので嫌じゃない」など、これには明確な回答が返ってくることが多いです。しかも実体験から話をしてくれますので、信頼性もあります。

また「好きなこと・興味があること」より、「嫌ではないこと」で仕事を選ぶ方が、本人の仕事への期待値も低いため、仕事が長続きしやすい傾向もあります。

「どんな仕事がやりたいの？」は、親が口にしない方がいいワードなのです。

実家に居たままで働いても長続きしない

何とか子どもが就労した、働きだした時に、住まいはどうすればいいでしょう。これまでと同じ実家で暮らしてもらうのが当たり前とお思いの方が大半ではないでしょうか。「まずは働いてもらうこと」「全てのお金を自分で賄うのはまだ難しい」「何かあった時に家族がサポートできる方がいい」などの親の気持ちからの判断だと思います。家を出す、一人暮らしをさせるのはもっと先、しばらくは様子見と考えているのでしょう。

ところが実際は、親元に置いたままの就労は、長続きしない傾向にあります。実家は、一度引きこもりとして過ごした空間ですし、親子関係も引きこもりを一時的とはいえ容認してきた過去があります。

実際に私たちが支援して就労を叶え、親元で暮らしながら働く形で支援終了した中では、数年後に仕事をやめてまた引きこもっていたケースが散見されました。自立し一人暮らしになった人は退職しても次の仕事に就いており、きちんと統計は取っていませんが、仕事の継続率はかなり違います。

その経験から、一人暮らしをさせて「自立」という形を取る、金銭的に完全自立が難しい場合は親の援助を多少もらいながらでも一人暮らしをさせる、という考え方になっています。過去に引きこもりを経験した場所は、再び引きこもりになりやすい場所なのです。

また完全自立に向けた仕上げ、最後のステップが、家を出す・一人暮らしというのが世間では一般的でしょう。ですが私たちにとって、家を出すタイミングは違います。

家族をひらいて家を出してからでなければ就労自体が難しい人がいます。親元を離れて人の中に入ってもらう経過が必要な人もいます。支援初期から中期までには家を出し、寮か一人暮らしの状態で支援していき、その後に就活へという流れが基本です。親元にいながら就労しても、継続できない可能性がありますので、一人暮らしに出してから支援を続けます。

家庭によっては経済的に難しい場合もあるでしょうが、できれば一時的に援助をしてでも家を出して自立させる方がいいかも知れません。自立できたという自信と、生活の全てを賄うという責任感が、つまずいた時に自分自身を支えます。そのことは覚えておいていただきたいと思います。

就労支援より「幸せ支援」を

「働けと言ってはいけない」の項で、「幸せになってほしいと伝えて」と記しました。この考え方は、支援も同じです。

自立に向けた支援をと思うと、就労支援という発想になりがちです。ですが引きこもり状態からまっすぐ就労支援に押し出すのは、あまりお勧めできません。大事なのは「幸せ支援」です。

そもそも引きこもり支援は、多様な引きこもりに対応しきれず、パーツパーツがバラバラに存在するような状況です。大きくは入口と出口、そしてその中間に分けられると思います。

支援の入口となるのは、引きこもり本人に接触し、関係性を作り、今後も支援を受けてもらうためのものです。引きこもる相手に接触するには訪問が基本だと思うのですが、その実施状況は支援団体や自治体でだいぶ違います。親の勉強会や家族の会を開催しているところは、比較的多い印象です。ですが本人が集まる会や、居場所を提供しているかどうかも、一律ではありません。どこでも備えているのは、相談機能くらいでしょうか。

出口支援では、一番大きなものは就労支援です。サポステやジョブカフェなどが挙げられ、引きこもり支援よりは歴史は長く、設置数もかなりのものです。ただし対象が39歳までなど若い人であったため、中高年の支援は十分でない印象はあります。

そして本来であれば入口と出口の間に、私たちの寮のような、中間支援が必要です。様々な体験や人との出会いを通して、自分なりの幸せに向き合う時間です。居場所や当事者会の中にはこの部分を担っているところがあるのかも知れませんが、大半の地域ではこの中間的な支援がすっぽり抜け落ちている印象があります。

入口支援であまり本人につながれておらず、うまく会えるようになっても中間支援がなく、いきなり出口の就労支援になってしまうというのが、うまく回っていない引きこもり支援のパターンではないでしょうか。

私たちは「幸せ支援を」という気持ちで、支援を行っています。引きこもり状態から頑張って就労させて終わるか、全員とはいかないまでも「幸せ支援」までやれるかは、この中間支援にかかっていると言っても過言ではありません。

まずは親に「幸せ支援」という視点を持っていただくこと。そしてこの中間支援の重要性も理解していただくことが大切だと思っています。単なる経済的でない、精神的な意味も含めての自立は、その先にあります。

自立できないなら家族信託や死後事務委任契約を

「自立できる人は自立を」とお伝えしましたが、自立が難しいと言わざるを得ない人はいます。重い精神疾患や障害があるのであれば、自立支援よりも医療や福祉の利用が適切です。そして今後ますます大きくなってくる「８０５０問題」の当事者も、大半は自立できないと思われます。その手前の40代も、ケースによりますが同様です。

就労経験が全くない・少ない50代の人が、完全自立できるだけの収入を得られる仕事に就き、しかも継続するのはかなり難しいというのが正直なところです。親も80代になり、子どもを外の世界に向けて強く押しだすだけのパワーがなくなっています。

自立が見込めないのであれば、本書でお伝えした様々な対応は、あまり意味がないのかも知れません。実際に高齢の親から相談を受けると、とにかくお金は遺そうと節約して貯金だけはしながら、子どものことはそっとしておいているという方が多い印象です。

ですが自立をしないのであれば、「親が動けなくなったら・いなくなったらどうするのか」という、次の具体的な問題が出てきます。

最近よく聞くのは、自宅で亡くなった親を放置し、親の年金をそのまま受給していたというニュースです。

例えば、20年引きこもっていた50代男性がいるとします。母親以外との会話が20年もない、または20年家から一歩も出ていない人が、母親が動かなくなったからと、すんなり救急車を呼べるでしょうか？

母親にまだ意識があれば、母親が救急隊員と話をしてくれます。ですが母親の意識がない、ましてやすでに死亡しているなら、自身が救急隊員に会って家に入れ、状況説明をしなければなりません。流れの中で、本人も仕事はなどと聞かれるでしょう。そう思ったただけで電話ができなくなる可能性は、十分にあります。

何とか救急車を呼べて治療となったとしても、手術の説明を聞いて同意書にサインする、入院費用を支払うといった事務手続きが発生します。親が亡くなった場合も、葬儀の手配や死亡に伴う役所での手続きがあります。

その後の生活にしても、「万が一の時は子どもに保険金が入るようにしている」「家と貯金があるのでどうにか生活していけるはず」と親は思っていても、保険金は請求しなければなりませんし、親名義の家と貯金は相続手続きが必要です。

これらを長く引きこもっていた人ができるとは、到底思えません。であれば家族信託や死後事務委任契約などを事前に依頼しておき、子どもが意思表示をしなくても物事が進むようにしておく方がいいでしょう。

最近の50代の相談では、当事者のきょうだいだけが来るか、またはきょうだいが親を連れてくるケースが大半です。きょうだいが様々な手続きを担ってくれるなら、一時対応は大丈夫でしょう。ですが相続をどうするか、その後も続いていく本人の生活をどうするかを話し合ってきょうだいも納得する形に決めておかなければなりません。

きょうだいは今後が心配で親にきちんと考えてほしいのに、親は「なるようになるから放っておいて」と話し合いにすら応じないケース。親が亡くなりきょうだいが相続した家に本人を住まわせ、きょうだいから同じように小遣いも渡しており、これがいつまで続くのかと途方に暮れているケースもあります。

「自立はできない」と判断し、親自身が高齢になっているなら、子どもの背中を押すのとは違う内容になりますが、親がやるべきことは山ほどあります。貯金だけをしながらぼんやり未来を憂いている暇はないはずなのです。

引きこもる子どもが40代50代になっているのなら、もう猶予はありません。自立の見込みがあれば自立支援へ本人を押す、無理そうなら親が様々な事務手続きや家族親戚との話し合いを進めるなど、それぞれのやるべきことに一刻も早く着手しましょう。

「自立できる」と信じて背中を押す

「引きこもりのままでいいのよ」は、一見当事者に寄り添った優しい言葉のようですが、時には子どもを引きこもりに縛り付けます。引きこもりは苦しかったと言う人が多いという事実は、忘れてはなりません。引きこもりの継続は、苦しみ続けるということでもあります。

そして引きこもりの人の中には、実は自立できる力を持っている人たちがかなりいます。親との対話などを叶えるよりも、自立の方がたやすい人もいます。自立できそうな人は、自立させる方がいいというのが私たちの考えです。自立によって自分に自信が持てますし、自立ができるとなればその先の人生の選択は大きく変わります。

自立を目指すのであれば、病院や居場所の利用はプラスになるとは限りませんし、親が口にしてはいけない言葉もあります。いきなり就労支援に向かわせるのではなく、その手前の中間支援、「幸せ支援」を考えるのも大切です。家を出すことが必要なステップであることも、知っておいてください。

そして全ての土台となるのは、「うちの子は自立できる」と親が信じられるかどうかです。親が子どもの力を心から信じられなければ、自立できる支援を探し、本気で外の世界に押し出すことはできないでしょう。

第3章の最後に、「信じて待つ・信じて背中を押すとは？」「子どもを信じるとは？」といったお話をしました。

引きこもる子どもの一番近くにいるのは親です。子どもの引きこもりの生活を支えているのも親です。親が子どものどこを見て、何を信じるのかが、子どもの未来に大きく影響します。

できることなら閉じた引きこもりの世界ではなく、他者との関わりがあり自分に自信が持てるようになる外の方向へ、可能であれば自立へ、信じて背中を押していただきたいと思います。

自立は引きこもりの解決の形のひとつではありますが、これから長く続く人生を自分らしく生きていく、スタート地点でもあるのです。

事例⑨

正くん（仮名）は20歳の時、調理の専門学校に行けなくなりました。「学費は払う必要はない」と本人は最初から言っていましたが、親は学費を払い続けます。うつの治療のために通院し、薬も飲んでいました。その後復学しますが、やはり途中で行けなくなります。

不登校になる以前は、友人と遊びに行く様子もありました。引きこもり中も家族とは普通に会話し、野球観戦や映画に出かけ、買い物をして料理も作ります。バイトの面接は1回だけ受け、落ちてしまいました。親は「30歳までには自立して」と伝えていましたが、今後どうするかという話になると怒ったそうです。

専門学校には結局７年間在籍。正くんが26歳の時に親が相談に来ます。親から本人にニュースタートの話をすると拒否、一旦待つことにしました。そして９ヶ月後に、本人が訪問をＯＫしたとの連絡が親から入り、レンタルお兄さんによる支援が始まります。

１回目、２回目の訪問はタイミングが合わなかったのか、インターホンに気付かなかったのか、会うことはできず、３回目の訪問で母が出て、本人に声をかけてくれ、やっと顔を合わせることができました。

その後は訪問すると必ず会えるようになり、同行した野球好きの寮生とも話が盛り上がり、一緒に野球観戦にも行きます。支援開始から半年後には、ニュースタートの施設にも来てくれ、寮生たちと食事をしながら楽しく話していました。

そのうち料理の仕度などにも参加するようになり、「そろそろ動かないといけないと思う」と入寮を了承。支援開始から11ヶ月で正くんは入寮しました。

知り合いがたくさんできており、何度も足を運んでくれて寮の様子も分かっていたので、すんなり寮には馴染みました。料理の腕をふるい、早々にシェフと呼ばれます。初めての短期バイトも経験します。

入寮から1年2ヶ月で、派遣の仕事を開始。その仕事が続き、一人暮らしになり、寮生活1年半で卒業となりました。その後は派遣から直接雇用に変わり、卒業から10年弱になる今も、同じ仕事を継続しています。

何よりも正くんは、卒業生同士の交流をとても大切にしています。料理を作って仲間を家に呼ぶなど、彼が起点となってつながりが続いている卒業生がいるとも感じます。ちょっとしたお節介を、変な遠慮をせずに実践できる人です。

自立生活をしながら、人とつながる。仲間と楽しむ。これが今の正くんが選んで歩んできた生き方、幸せです。

事例⑩

ニュースタートが寮第1号を開設したのは、1999年のことです。尚くん（仮名）の親から相談が来たのは、その翌年の2000年でした。

大学を中退し、10年引きこもり、尚くんは35歳になっていました。親はすでに家を出ており、この7年間は一人暮らし。家賃は親の口座から引き落とし、親が月1回、生活費を届けに行っていました。

親はすでに年金暮らしで、もう家賃を出すのをやめると母が伝えたところ、「自分はここで死ぬ、自分は引きこもりではなく立てこもり」と答えたそうです。そう話す母は泣いていました。

そこから「お母さんの代わりに、生活費を届けに行きます」と訪問を始めます。数回訪問しますが会えず、置いておいた手紙がなくなっているかなどで、生存確認をするような状況でした。

最後は親と一緒に訪問し、親がガラスを割って鍵を開けて家に入り、やっと本人と対面します。親から「もう部屋の契約は終わらせる、心配だからニュースタートに行って」と説得してもらい、尚くんは自分で荷物をまとめて車に積み込み、本人も乗車して入寮しました。

寮に来ると、尚くんは比較的スムーズに周囲に溶け込みました。当時はニュースタートで運営していた通所介護事業所（現在は閉所）でヘルパー2級養成講座をしていましたので、そこでヘルパー2級の資格も取ります。目立たず着実に仕事をし、周囲を気にかける人柄でした。

2年の寮生活の間に、介護で重要な戦力となっていた尚くん。寮生という立場から、ニュースタートの介護部門スタッフになります。8年半働き、最後は責任ある仕事もかなり引き受けていました。

ニュースタートを退職後は、高齢の親を気にして親元に戻るのですが、どうやら居心地が悪かったようです。母が「一緒に食事ができず寂しい」と言っていましたので、急に親子の距離が近づくのが嫌だったのかも知れません。スタッフから紹介された人を頼り、ある田舎の過疎化した集落に住み始めます。

現在は農作業や農産物の加工作業の手伝いなどで生計を立てながら、地区の役割も担うなど、地域に溶け込んで暮らしています。働くのは春から秋の、1年の約半分だけ。不便さはあるようですが、好きな音楽や本に囲まれ、自由にその日暮らしを楽しんでいます。

尚くんはニュースタートに来る前は働いた経験はありませんでしたが、8年半のスタッフ経験で色々と仕事をこなせるようになっていました。介護でお年寄りとの会話も慣れていましたから、地域にもすんなり馴染めたのだと思います。

働く中で、自分がどんな生活を求めているかイメージを持ち、実現できるだけの実力もつけていたのです。だからこそ一度親元に戻りましたが、すぐに「これは違う」と思い、次の行動に移れたのでしょう。

尚くんは現在50代後半。あのままなら今頃8050問題の当事者になっていた可能性もあります。尚くんは自分で選んだ生き方で、自分の力で、心地良さそうに暮らしています。

事例⑪

「二神さんの指導のおかげで、彼女のヒモで生きる覚悟ができました」

これは2012年の二神の著書『ニートがひらく幸福社会ニッポン』の一文です。当時38歳になっていた紳一郎くん（仮名）の言葉です。

紳一郎くんの親からニュースタートに相談が来たのは、今から20年以上前、先程の尚くんの少し後のことです。大学卒業後は一人暮らしをして営業職などで働いていたのですが、会社を辞めて実家に戻ります。最初は仕事を探していたのですが、相談前の半年ほどは引きこもり生活になっていました。

紳一郎くんが30歳のときに、レンタルお兄さんによる訪問が始まります。2回目の訪問で会うことができ、支援4ヶ月でスムーズに入寮しました。実家に戻ってから2年がたっていました。入寮時は「ワクワクしている」とも言っています。

寮ではリーダーシップを発揮し、仕事も着実で、バランス感覚にも優れていました。寮生活を2年過ごし、ニュースタートのスタッフを3年半務めます。レンタルお兄さんとして多くの訪問も担当していました。その後はバイトをしながら、卒業生たちが住むシェアハウスで暮らしていました。

入寮して4ヶ月の頃に、ニュースタートの活動の中で、後に結婚する女性と出会います。そこから8年交際して結婚しました。

「男ががんがん働いて一家を養っていくって、やっぱり王道的で社会通念上も普通っぽいっていうのがあるから、結婚するまで8年かかってる」と、公務員の彼女とバイトの自分とを比較し、自分は彼女にふさわしくないのではとずっと考えていたそうです。

最後は「いいから、私が養うから」と彼女に言われ、ようやく結婚を決心。冒頭の言葉で二神へ結婚の報告をしました。

その後2人の子どもに恵まれ、紳一郎くんはバイトをやめて主夫業に専念。奥さんは1年の産休・育休を経て、フルタイム復帰。「自分は主夫向きだと思う?」という質問に、「ではない、すごい苦痛だから」と答えていましたが、1人で子ども2人を連れてニュースタートに遊びに来てくれるなど、何とかやっている様子でした。

今年も紳一郎くんからの、元気そうな子どもの写真の年賀状が届いています。これが、彼が選んだ幸せです。

3人の卒業後の選択をお伝えしました。生き方は三者三様です。他にも、責任のある正社員という立場は避ける人や、社内で密な人間関係になるのが嫌だからと外回りの営業職についた人、働いて貯金ができたら何年か休み、貯金がなくなるとまた働きだす人など、卒業生それぞれが、自分が心地いい生き方を模索しています。

彼らが引きこもりながらこういう答えを出せていたとは思えません。実際、紳一郎くんは引きこもり中、「結婚はしない」と、そういう希望は持てないことを親に話していたそうです。自立生活を送る中で、いい意味で自分に諦めがついてきて、結婚する決心がついたのだと思います。

引きこもってまずは社会に出なければと必死に考えている状況で、遠い未来に希望を見出すのはなかなか難しいでしょう。自立し、社会に出るという目標は達成したからこそ、見えてくるものがあるはずです。一旦自立する意味は、単なる経済面だけでなく、このように視点が変わり課題が次のステージに移ることにあります。

自立が引きこもり支援の唯一無二のゴールだと言うつもりはありません。ただ彼らの人生において、大事な通過点、転換点になり得ます。だからこそ「自立できる人は自立を」と、私たちは考えているのです。

紳一郎くんが言いました。

「自分が立派になるまで女性と付き合いませんみたいな人、ニュースタートでいっぱい見たけど、立派になる日なんてもう本当来ないから。そりゃもう断言してあげるから（笑）。俺はもう自分はどうしようもない人間なんで、誰か養ってくれる人を探す方が早い、それの方が孤独死の心配はないと。ま、難しく考えすぎないこと。引きこもり脱出の方法とかといっしょでさ、なるようにしかならないんで。きっちりきっちり行かないとって考えるから、つまずくことになるわけで。いい加減さ、適当さっていうのは、ある意味、度量の大きさだとも思う。そうなれると色んなことが起きてくるし、楽しくなるかも知れませんよ」

事例⑫

ある日ニュースタートに、警察からの問い合わせの電話が入りました。母親を殺害した引きこもりの息子の机の引き出しに、ニュースタートのレンタルお姉さんからの手紙が入っていた、当時のことを知りたいと言うのです。

その事件の犯人は、15年ほど前に支援をした、怜央くん（仮名）でした。

20代後半の怜央くんは、大学の途中から不登校になり、何回か留年をした末に退学します。名の知られた大学で、勉強は比較的得意だったようです。その後は引きこもり生活を送っていました。

テレビでスポーツ観戦をするのが好きで、コンビニ程度には出かけられるタイプ。病院にも行ったことがあり、病気ではないとの診断を受けていました。バイトなど働いた経験はなし。壁を叩く、物を投げる程度の暴力はありましたが、親に実際に手を上げたことはありませんでした。

相談には、両親で来られました。どちらかと言うと父は消極的で、母に説得されて連れて来られたようでした。レンタルお姉さんによる支援が始まります。「ゆっくり進めてほしい」というのが、母の希望でした。

２通手紙を送り、電話をします。怜央くんは出てくれて、すんなり話ができました。部屋がちらかっていて家に来られるのは嫌だと言うので、初回の対面は近所の公園で待ち合わせ。少し遅れましたがきちんと来てくれ、短い時間でしたが、話しながら笑顔も見せてくれました。

ところがそこから3ヶ月は、電話では話せるものの、会うことは断られ続けます。そこで電話した後に家まで行き、ドアの前から話しかけます。すると顔は見せてくれませんでしたが、最後に「外でなら」と言ってもらえます。

それからはまた外で会ってくれるようになります。寮生と数人で訪問し、公園でサッカーをするなど、会えばそれなりに楽しんでいる様子がありました。

訪問が半年を過ぎた頃に寮の話をしますが、本人は当然嫌がり、「じゃあバイトしてみようよ」と提案します。

怜央くんは1回バイトに応募をしますが、面接で落ちてしまいます。ただ「受からなくていいと思っていたから緊張はしなかった」と、あまり気にしていない様子でした。同行した寮生がちょうどバイトを始めたばかりで、彼の話にも熱心に耳を傾けていました。

このタイミングで、ずっと怜央くんを担当していたレンタルお姉さんが退職することになります。最後は新しいレンタルお姉さんも一緒に訪問し、顔合わせ。挨拶すると、

「はあ」と答えてはくれました。次のバイトの応募は、「これから探そうと……」と言っていました。

その後は、新しいレンタルお姉さんの電話に出てはくれるのですが、会うことはのらりくらりと断ることが続きます。関係を作るところからやり直しですが、以前同行してくれた寮生もいますし、また会えるようになるだろうと思っていました。

2ヶ月会えなかったところで、母から訪問を休止したいと連絡がありました。なかなか会えないことと、バイトに応募する気持ちがあるので、しばらく様子を見たいということでした。約1年支援をしたところで休止、その後の再開連絡はありませんでした。

怜央くんは普通に会話ができますし、診断通り病的な感じもしませんでした。最初から電話に出てくれるなど、他人への拒否もそこまで強くありませんでした。ただ実際に動こうとすると、おっくうになる傾向はありました。それでも、週2～3回のバイト程度は、やればできそうな印象でした。

その後の彼の生活がどんな風だったのか、こちらは知る由もありません。ニュースの断片的な情報によれば、支援終了後はほぼずっと引きこもっていた可能性が高いです。

ただ実際に怜央くんを知る人は、「人を殺すようには思えない」と言っています。殺されてしまった母も、訪問するとお茶を出してくれる、心から息子を心配する、穏やかで優しい人でした。家庭という閉じた空間の中で、約15年という長い歳月によって、何かが醸造されてしまったのかも知れません。

当時も、せめてバイトを始めて安定するところまで支援したかった、中途半端で終了したという思いでした。こちらの人員交代もあり、終了は仕方がないと考えていました。今となっては、怜央くんを家庭という密室から出し、仲間の中に入れ、きちんと自立できるところまで支援すべきだった、外の世界に出し切るべきだったと思います。能力的に、それができない人ではなかったのです。

支援開始前に怜央くんの母から届いた手紙には、息子を思う言葉が丁寧に綴られています。

「息子について、本当に狭い世界しか見せてこられなかったと思います。息子も確かに、何とかしたいと思っていると思います。頭で思い、言葉でそう言っても、現実に動こうとすると、それが出来ない状態なのだと思います。いろんな人がいて、いろいろな生き方があることを、本当に実感してくれることを願っています」

この手紙を書いた母は愛する息子の手によって亡くなり、怜央くんは刑務所の中にいます。

このような悲劇を繰り返してはいけません。なのに似たような事件は後を絶ちません。家という密室で長期化している引きこもりの人数も、増加の一途です。こういったニュースは今後増えていくでしょう。

この１つの悲しいケースを通じ、引きこもり支援について、多くの方にもっと考えていただきたい。これが、私が今回の執筆を決めた、大きな動機です。

怜央くんは最初の担当だったレンタルお姉さんからの手紙を約15年、捨てずに持っていました。他人と交流した、幸せな記憶の象徴だったのかも知れません。

第6章　一番イヤでない仕事で食い扶持を稼げ

「失われた30年」とぴったり重なる

「引きこもり」という言葉は、およそ30年前に生まれました。その後1998年に、精神科医の斎藤環先生が『社会的ひきこもり――終わらない思春期』を出版して大きな話題となり、この言葉は一挙に社会に浸透しました。

その引きこもりは、いまや146万人まで増加、過去最高の人数を更新し続けていいます。斎藤先生の本の副題にある通り、当初は「思春期の問題」とみられていた引きこもりも、いまや過半数が中高年になり、質的にも多様になってきました。日本の経済成長が終わり、停滞を続けてきた「失われた30年」と、引きこもりが増え続けた30年の歴史はぴったり重なります。

少し引いた視点から見れば、引きこもりは国家が成長期から成熟期へ移行する途上で咲いてしまった「あだ花」と言えるかも知れません。成長の時代から成熟の時代へモードチェンジが求められる中で、生き方を時代の求める方向に「振り切りすぎてしまった」存在が引きこもりである、という言い方も可能かも知れません。彼等が生きがいを経済的豊かさではなく、人生の多様な生き方に求めていることに、むしろ希望を感じることもあります。

ニュースタートの寮の若者たちと話していると、高度経済成長時代の申し子である私の上昇志向の気質が顔を出してしまい、彼らを白けさせてしまうことがよくあります。ただ、若者の価値観に戸惑いを覚えるのは、親の世代にはごく普通のことでもあるでしょう。そんな親世代が、いまどきの子ども達、特に引きこもりになってしまうような子たちの特徴として覚えておくべき点は何なのか。この最終章では、あえて３つ挙げておきます。それは「欲しいものがない」「やりたいことがない」「下流志向」です。

欲しいものがない

貧しい時代に育った私の世代は、いつもハングリーでした。欲しいものが常にいろいろとありました。欲しいものを手に入れるにはお金が要る、そのためには働かなければならない、だからとにかく働いたのです。「生きがい」「やりがい」は二の次三の次でした。

しかし現在の若者たちは、ほとんどのモノを手に入れています。飽食の時代に育ってきたためか、食に対するこだわりも希薄です。昼食時、当方の寮の若者たちと外出して、「何か美味いものを食べよう。食べたいものを言って」と呼びかけても、彼らからは「別に」しか返ってきません。

欲しいものがない、だからお金の必要性がなく、働く理由も生まれてこない。引きこもっている限り、寝る場所も食べるものも自動的に満たされてしまうので、出て行く理由もない。それが引きこもりの長期化、高齢化につながっています。

やりたいこともない

そして彼等には「やりたいこともない」。私たちの世代は、自分たち子どもの存在が親の家計の大きな負担になっていることを全身で感じながら育ってきました。家計の中での食費の割合を示すエンゲル係数が、現在の25％の倍以上高い60％を超えるような時代に育てば、「自分たちは親に食べさせてもらっている」と痛感せざるを得ません。だから、「口減らし」の意味でも早く自立して親の負担を軽減せねば、とみんな普通に考えていました。

私の世代の高校進学率は50％台で、半分の子は中学を出ただけで就職していきました。彼等は、就職先を選ぶというよりも、どこか給料を払ってくれるところに潜り込むことが最優先でした。「何かをしたい」というよりも、潜り込んだ所で働くしかなかったのです。

１９６０年代の話になりますが、私が大学生として新宿を歩いていた時、若い乙女の集団が今はなき新宿コマ劇場に向かって、真剣な表情で走っていく場面に遭遇しました。美空ひばりショーに向かう集団でした。町工場や商店に住み込んで必死に働いている若い子たちが、貯めたお金で手にした入場券を握りしめ、必死の表情で走っていたのです。ふだんはつつましく、節制を強いられた生活をしているからこそ、「楽しみ」を求める気持ちは強くなり、先鋭化するのです。

現在の若者は、スマホを手にして育ってきています。たいていの「やりたいこと」は、スマホの画面でできてしまう。敢えて外に出て、わざわざ「やりたいこと」を探す必要もないのです。

下流志向

欲しいものがなく、やりたいこともない。だからお金も必要ない。上昇志向など生まれるはずがありません。引きこもりになるような若者が「下流志向」になるのは、ごく自然なことでしょう。

２０１１年、林真理子さんの小説をテレビドラマ化した『下流の宴』がＮＨＫで放映されました。どんな事があっても頑張ろうとしない「下流志向」の男の子を描いたドラマでしたが、そのドラマの脚本を書いた中園ミホさんは、当方の寮の若者を取材しており、寮生たちの言葉を脚本に生かしたようです。引きこもりの若者は特に「下流志向」が強いからです。

私たちの世代の「経済の上昇志向」が地球環境を破壊してきたことを考えれば、彼等の「下流志向」の方が、これからの時代に適した生き方なのかもしれません。

高度成長期にももちろん親子の対立はありましたが、子どもの人生を話し合う時にも、努力して一歩ずつ上に向かって行くという上昇志向の考え方では一致していました。親子で話し合われていたのは、いわば上昇するための道筋をどれにするか、でした。それが、今では話し合いの大前提そのものが違うのですから、なかなか話がかみ合いません。

私は多くの「８０５０問題」「７０４０問題」の親子と向き合ってきましたが、表面化しているいろいろな問題の底に、この親子の価値観、人生観の違いが大きく横たわっていると感じざるをえません。

「役に立っている」と思えれば頑張れる

引きこもりになった若者は、親や周囲から「やりたいことをやれ」「やりがいのある仕事を探せ」と言われます。彼らもそれを探そうとはするのですが、今の世の中でやりたいことを見つけることはそう簡単ではありません。そもそも「やりたいこと」がない方が多数派なのです。

「やりたいこと」がないならどうすればいいのか。ひとつの手段は「役立ち体験」です。感謝される経験を持たせてやるのです。

私たちはお預かりしている寮生たちを、東日本大震災などの被災地にボランティアとして送り込んできました。元は引きこもりだった彼らは、ボランティアから帰るとみんな元気になっていました。引きこもり生活で失っていた元気を、少しずつ取り戻していったのです。

ボランティアですからお金が払われることはありません。しかし、いろんな場所で「ありがとう」と言われた事が嬉しかったようです。自己承認欲求が満たされたと言えるかもしれません。「やりたいことがない」と言っていた何人もの子が、「また行きたい」と言うのです。

日本の各地で災害が多発していますが、こうした被災地に若者が殺到しています。これも今どきの若者気質の表れと言えるでしょう。20年余り前に、このことを実感させる相談がありました。親によれば、引きこもっていた息子が神戸の震災を見て、突然バイクに乗って現地のボランティアに行って半年頑張ってきたが、帰ってくるとまたそのまま3年間も引きこもっている、というのです。結局、この子は1年間当方の寮でお預かりした後、老人介護の仕事に就いて、今も頑張っているようです。彼にはお金になる仕事よりも、何かの「役立ち感」が絶対的に必要だったのです。

そんなこともあり、私は現在の若者には「役立ちたい願望」があると感じていたのですが、最近はますますその感じを強めています。

内閣府の若者の意識調査では、現代の20代の若者は、驚くべきことに「自分のために生きるよりも他人に役立つ人生を送りたい」と言う子が過半数を占めています。これは文部科学省の調査で明らかになった、日本の若者の自己肯定感の低さの反映のような感じがしています。自己肯定感の低い子は「自分のために生きる」という道は選びにくいようなのです。

「やりたいことがない」と言う子には、この「役立ちたい願望」を刺激することが効果的です。老人介護や障害者支援の仕事など、何か直接人の役に立つ仕事、人から「ありがとう」といわれる仕事、そういう仕事を勧めると前向きの反応を示すことが多いのです。当方では、「やりたいことがない」と言う若者に、彼等の「役立ちたい願望」を満たすような仕事を紹介することが多くあります。

引きこもりの子は自己肯定感が低いので、「自分のためになる仕事を探せ」と言われても、そんな仕事を探す気持ちはもともと持っていない。

「自分のために生きるよりも、他人に役立つ人生を送りたい」と言う若者が多い、その事を覚えておいてください。

「一番イヤでない仕事で食い扶持を稼げ」

私たちのNPOでは、ニートや引きこもりの若者をお預かりして、いろんな職場体験をさせながら、やりたいことを見つけさせるようにしていますが、残念ながら半分近くの若者がそれを見つけられていないのが現状です。

いろいろな仕事体験を1年くらいしてもやりたい仕事が見つからない若者には、私は「一番イヤでない仕事で食い扶持を稼げ」と言って、とりあえず就労させています。この言葉は彼らの耳には入りやすいようで、私にとっては魔法の言葉になっています。やりたいことは見つからなくても、一番イヤでない仕事は自分にも分かる。食い扶持を稼ぐだけと割り切れば、そういう仕事はある。しかも、人手不足が深刻な今は、就労のチャンスはいくらでも転がっています。

イヤでない仕事でしかないとなれば、その仕事に期待して失望することもない。仕事が続き、食費だけでなく部屋代も稼げるようになってきたら、彼らを家から出して一人暮らしさせています。彼らにとって、もともと家の居心地は良くなかったこともあり、一人暮らしは望むところです。一人暮らしをして経済的に自立すると、彼らの意識は一挙に親離れします。はっきりと自立の方向に向かい、彼ら自身の人生が始まるのです。

そんなイヤでない仕事を続けているうちに、何かのやりがいを感じて本気で仕事に取り組むようになり、管理職になったりする例も多くあります。仕事を淡々と続けて食い扶持を稼ぎながら、ゲームや音楽、マンガやアイドルの追っかけなど、何かの趣味を楽しみにして、明るく生きている若者も大勢います。その趣味を通じて誰かと出会い、結婚して幸せに暮らしている若者もいます。

「一番イヤでない仕事で食い扶持を稼げ」。この言葉を是非使ってみてください。そして、お子さんの就労への後押しをしてあげてください。

「お国のため」にも自立を

私が引きこもりの自立を訴えるのは、大きく言えば日本の未来を考えるからです。引きこもり146万人を生活保護にすれば約2兆円の国税が必要となります。日本の国税収入は70兆円くらいなので、結構大きな財政負担です。防衛費の倍増、異次元の少子化対策など、大きな財政負担を伴う政策が必要な時に、追加の財政負担を求められるような事態は、極力避けるに越したことはありません。

経済は成長しなくなり、1973年には209万人も生まれていた子どもも、202

2年は77万人しか生まれていません。1990年には、合計特殊出生率の「1・57ショック」がありましたが、その後も出生率の低下は続いて、2022年は1・26になりました。少子化は今までずっと、事前の予想を遥かに上回るペースで進んでいますので、このトレンドは変わらないでしょう。高齢化によって社会に支えられる人の数は増え続けますので、そうできる人には社会を支える側に回って貰った方がいい。

私は引きこもり146万人のうち、何らかの障害のある人は30％程度だと思っています。残りの100万人は普通の人で、自立はできると支援現場で体感しています。今は障害バブル、特に発達障害バブルとでも言うべき時代で、引きこもりを障害と見たてる人も増え続けています。実際、自分の子を発達障害と見ている引きこもり家庭の親も多いのですが、その子に会ってみると、ほとんどは普通にやっていける子なのです。

引きこもりが長くなると、発達障害に見える症状が出てくるのは普通です。人間はいろいろな体験、いろいろな人との交流があって成長しますが、それがない引きこもり生活を長く続けていると、発達障害的な特性が出てくるのは当然のことです。そういう症状は引きこもりから脱し、各種の体験や交流を広げていけば自然に消えていくものなのです。

だから、私たちは引きこもりの親に対し「家から出しましょう」と提案するのです。子どもが自立に向かって進んでいくには、まず、「子の親離れ」「親の子離れ」が必要です。

第1章でも触れた通り、従来は「おとなしい」とされてきた引きこもりの人も、母数が増え、固定化が進み、深刻な事例も増えたことで、犯罪につながってしまう事例も増えてきています。この増加の流れをなんとか食い止め、減少させていかなくてはなりません。引きこもりが増え続けるかぎり、崩壊する家庭の数、引きこもりが関係する犯罪の数も増え続けていきます。それは、日本の財政にとっても負担となり、経済成長の足をひっぱり、社会の不安定要因にもなります。

家庭内暴力、家庭内殺人、そして社会への犯罪を防止するためにも、子どもを家から出しましょう。そして、子どもの自立に向けて、他者との交流の機会を増やしていくのです。労働力不足の時代、引きこもり146万人のうち仮に100万人が働くようになれば、彼らが税金を使う側から払う側に転じ、社会の活力は大きく上がります。

私は引きこもりの子どもに、少しでも日本の未来を明るくする、静かな支え手になってもらいたいのです。彼らの「役立ちたい願望」を考えれば、そういう生き方のほうが、彼らには合っていると思うのです。

今後は引きこもりすら減っていく

引きこもりは２０２２年の調査で１４６万人という衝撃的な激増ぶりを示しましたが、この数字がピークとなって、今後は減少していくと思われます。それは、世代別の人口動態から推察できます。

まず、引きこもり１４６万人のなかで人数の多い60代、50代が、これから続々と引きこもりに算入されない65歳以上になっていきます。これによって引きこもりの総数は毎年３・５万人も減っていきます。

一方、新しく引きこもりになる可能性のある20歳前後の若者は、50代の人数の半分近くの少子化世代です。当然、引きこもりになる人数も減り、毎年１万人程度になるでしょう。この高齢者引きこもりと若者総数の減少によって、引きこもりの人数は毎年、差し引きで２・５万人程度は減っていくと思われます。

そのうえ、引きこもりの長期化、高齢化、１４６万人という現実を突きつけられた若い親たちが、「信じて待っていていいのか」と不安になり、動き始めています。

分水嶺は越えました。そのタイミングでの出版となったこの『引きこもりの７割は自立できる』で、私は引きこもり減少の流れを一挙に加速したいのです。私も80歳になり、この本は「遺言」のつもりで書きました。

引きこもりが目立って増えてきたのは、バブル崩壊後の、未来が暗く見え始めてからです。引きこもり１４６万人は、日本の未来の暗さの象徴です。引きこもり１４６万人を、まず5年後には１００万人に、10年後には50万人にまで減らしていきたい。それが引きこもり支援に30年取り組んできた私の最後の思いです。

この思いを実現できなかったら、私の引きこもり支援人生は敗北の人生であったと認めるしかないと覚悟しています。１４６万人の引きこもりを一人でも多く自立させ、彼らに人生の幸せを感じてもらい、日本の未来を明るく照らしてもらいたいのです。

二神能基　1943年生まれ。早稲田大学政経学部在学中から塾を経営。90年代より若者支援の活動に着手し、1999年に「ニュースタート事務局」を創設。著書に『希望のニート』『暴力は親に向かう』等。

久世芽亜里　認定NPO法人「ニュースタート事務局」スタッフ。現在は主に親の相談、事務、広報などを担当している。青山学院大学理工学部卒。著書に『コンビニは通える引きこもりたち』。

Ⓢ新潮新書

1015

引《ひ》きこもりの7割《わり》は自立《じりつ》できる

著者　二神能基《ふたがみのうき》　久世芽亜里《くぜめあり》

2023年10月20日　発行

発行者　佐藤隆信

発行所　株式会社 新潮社

〒162-8711　東京都新宿区矢来町71番地
編集部(03)3266-5430　読者係(03)3266-5111
https://www.shinchosha.co.jp
装幀　新潮社装幀室
組版　新潮社デジタル編集支援室

印刷所　株式会社光邦

製本所　加藤製本株式会社

ISBN978-4-10-611015-3　C0236